D0833275

Afin de vous informer de toutes ses publications, **marabout** édite des catalogues régulièrement mis à jour. Vous pouvez les obtenir gracieusement auprès de votre libraire habituel.

Julie Saint-Ange

203 façons
de rendre fou
un homme au lit

Sommaire

En guise d'introduction 9

Comment utiliser cet ouvrage de dames 11

Les quatre secrets de l'épanouissement sexuel 15
   Les jambes... oui, mais la tête aussi 27

Préparer un nid d'amour 35
   Hors du nid 43
   Jeux et jouets 51

Les délices des préliminaires 59
   Solo pour deux 67
   Les vêtements, l'arme par excellence 69
   Accessoires 75
   Jeux d'eau 79

Corps à corps 81
Il n'y a pas que les jeux de mains 89
Que faire avec son pénis? 95
Variations sur les caresses de base 97

Jeux de bouche 105

Le plat de résistance 119

Le missionnaire 123
A cheval 129
Arrière toutes! 133
Côte à côte 137
Face à face 139
Variations sur le thème de base 143

Le sexe sans danger 151

Conclusion 157

En guise d'introduction...

Longtemps j'ai eu honte de moi. J'enviais certaines de mes amies qui, dès qu'elles apparaissaient dans une soirée, suscitaient aussitôt la convoitise de tous les mâles : elles n'avaient plus alors qu'à faire leur choix.

Mais qu'avaient-elles donc que je ne possédais point ? Après réflexion, je m'aperçus qu'elles affichaient pour la plupart une inébranlable confiance en elles, qui n'avait rien à voir avec de l'autosuffisance. D'emblée, les hommes sentaient que ces femmes aimaient le plaisir, et surtout qu'elles aimaient en donner à leur amant. Elles m'expliquèrent en toute modestie que, pour un homme, rien n'est plus excitant qu'une femme qui, même si elle n'a pas tout d'une Miss

France, s'aime, aime le sexe, connaît son corps, celui de son amant, et est capable d'en explorer toutes les possibilités...

Certaines confidences intimes me firent envisager la vie — et l'amour — différemment. Je testai avec diligence et succès certaines innovations sur mes amoureux. Je découvris qu'ils n'avaient de cesse, dès lors, de passer nuit sur nuit avec moi car, disaient-ils, je leur faisais découvrir des sensations jusqu'alors inconnues, ce qui est tout de même l'un des plus beaux cadeaux que l'on puisse faire à un amant. Je me mis à dégager une sorte d'aura qui attirait irrésistiblement vers moi l'homme qui me faisait le plus envie...

En constatant autour de moi, dans les lieux publics, les transports, l'infinie tristesse qui semble être le lot commun, je me suis dit qu'il suffisait de très peu de choses pour se tourner vers le bonheur...

Sans pour autant prétendre devenir une mère Teresa de la sexualité, je vous livre ces 203 conseils qui n'ont pour ambition que de vous aider à faire partager le grand frisson.

Chères lectrices... je vous abandonne par conséquent à vos fantasmes et j'attends vos suggestions pour étoffer la longue liste de ces gestes qui sauvent...

Julie SAINT-ANGE

Comment utiliser
cet ouvrage de dames

1 – Vous pouvez bien sûr lire ce livre de la première à la dernière page, mais il vous est également possible de glaner de-ci, de-là, au gré de votre fantaisie. Rien de plus excitant, d'ailleurs, que de laisser faire le hasard...

2 – Attention ! Ne dévoilez pas ce guide à votre partenaire. (Ôtez même la jaquette de l'ouvrage afin qu'il garde son anonymat.) Vous devez le surprendre avec toutes ces délicieuses gâteries, parce que *vous* en avez envie, et non parce qu'il les attend.

3 – Laissez courir votre imagination. N'hésitez pas à innover et à broder à partir de ces 203 suggestions, et n'ayez pas peur de l'aventure.

4 – Demandez-vous pourquoi on s'interroge sur les manières de rendre un homme heureux.

La femme sensuelle que vous êtes sait que le vrai plaisir consiste autant à donner qu'à recevoir. Elle sait aussi que son chéri pense exactement la même chose. Le but du jeu, en ce qui vous concerne, consiste à lui faire découvrir quel amant exceptionnel il est.

5 – Aimer votre homme et vous aimer vous-même est essentiel. Laissez-vous aller. Vous n'avez pas à vous prouver chaque jour, par le biais de trouvailles originales, que vous êtes une déesse de l'amour. De toute façon, vous en êtes une !

Les quatre secrets
de l'épanouissement sexuel

Sans doute connaissez-vous une femme qui ne possède rien de véritablement extraordinaire, et qui a pourtant tous les hommes à ses pieds. Mais qu'a-t-elle donc que vous n'avez pas?

C'est très simple : elle irradie confiance en soi et sensualité. Sachez que vous aussi pouvez réveiller la grande amoureuse qui se cache au plus profond de vous-même.

Secret n°1 :
Sentez-vous sexy, et vous le deviendrez

Ce n'est pas une plaisanterie ! Essayer, c'est l'adopter ! Certains philosophes affirment que l'on est ce que l'on croit être. Même si vos mensurations ne sont pas tout à fait celles de

Mathilda May, si vous n'êtes ni svelte ni vraiment voluptueuse, bref si vous ne vous sentez pas particulièrement sexy, oubliez cette image que vous ne cessez de vous renvoyer. Très vite, vous vous sentirez sexy, et le deviendrez. Si vous émettez autour de vous des ondes voluptueuses et sensuelles, ce sont celles que votre homme percevra d'abord avant de s'apercevoir qu'il vous manque peut-être quelques centimètres ou que vous êtes éventuellement un peu dodue. Une fois dans cet état d'esprit, vous ferez et direz exactement ce qu'il faut et vous deviendrez « électrique ». Vous allez voir, c'est magique ! Votre seul regard brûlant, posé sur le bas de son dos, va faire grimper sa température... et le reste...

Croyez-moi, tout est dans la tête. Les 203 conseils qui suivent n'auront un effet optimal que si vous vous sentez une grande amante devant l'Éternel.

Secret n° 2 :
Irradiez la confiance sexuelle

Votre confiance en vous est un des aspects qui vont le plus attirer les hommes. La plus belle femme du monde n'a aucun intérêt pour un homme, si elle n'ose lui parler en le regardant droit dans les yeux. Cela repose les hommes de ne pas avoir à rassurer une femme.

Oubliez vos bourrelets, que diable ! Et si, par exemple, vous trouvez vos seins trop menus, soyez au moins fière de leur extrême sensibilité.

Apprenez à connaître et à aimer chaque centimètre carré de votre corps. Si vous êtes persuadée d'être le rêve secret d'un homme, lui aussi le croira. Promenez-vous dans la rue comme si vous étiez la plus belle femme du quartier : les hommes tomberont comme des mouches. Il suffit d'être convaincue de les rendre fous pour y arriver. Je peux vous l'assurer pour l'avoir vécu : *ça marche à tous les coups !*

Secret n° 3 :
Montrez-lui que vous vous intéressez à lui

Ne l'ennuyez pas avec vos petits soucis quotidiens : concentrez votre attention sur ses belles petites fesses bien rondes, son torse velu et sa divine queue... Dites-lui qu'il n'y a que lui qui compte dans votre vie, qu'il est le meilleur amant qui soit, que vous êtes folle de désir rien qu'à le regarder, et bien sûr, n'hésitez pas à joindre le geste à la parole...

Oubliez votre propre plaisir : cherchez d'abord ce qui le rendra le plus fou. Si vous ne parvenez pas à vous rassasier de lui, faites-le-lui savoir. Caressez-le, léchez-le, sucez-le, avalez-le. Dites-lui qu'il est mignon, que vous avez une envie folle de lui faire l'amour et de mourir dans ses bras (ça ne mange pas de pain !).

Observez comment il réagit à vos caresses et retenez ce qu'il apprécie le plus pour les séances à venir. Jouez avec son corps, entièrement vouée à son plaisir. Gâtez-le comme personne ne l'a fait avant vous. Plus vous lui en donnerez, plus il en redemandera.

Secret n° 4 :
Ne ratez pas votre entrée en scène

Le sexe n'étant pas une science exacte, celui-ci nécessite un long apprentissage. Si vous n'êtes pas bien dans votre corps, essayez de comprendre pourquoi. Mais vous n'êtes pas obligée, je le répète, pour avoir une vie sexuelle épanouie, de posséder un physique de déesse.

Pour être bien dans votre peau, commencez par observer votre corps, voyez comment réagissent vos terminaisons nerveuses et vos muscles sexuels (vagin, etc.). Ils sont directement reliés à votre cerveau et doivent réagir illico à l'excitation et aux caresses d'un homme.

Sachez que vous pouvez facilement rendre un homme fou, si vous savez lui montrer à quel point il vous excite et que vous pouvez vous transformer grâce à lui en véritable bête de sexe... Pour ce faire, sachez découvrir vos zones érogènes avant de les embraser. Le vieux dicton : « Connais-toi toi-même » prend ici toute sa signification.

Vous allez vous mettre entièrement nue devant un miroir et examiner chaque centimètre de votre corps : regardez-vous avec indulgence ; ne soyez pas inutilement critique. Comparez vos seins, rassasiez-vous de la jolie couleur de vos tétons (mais si, mais si...), admirez la courbe de vos hanches, le galbe de vos jambes et votre ventre bombé juste ce qu'il faut. A l'aide d'un autre miroir, contemplez également votre dos et vos fesses. Imaginez tout cela en pleine action avec le regard d'un homme follement excité. Ça va chauffer !

Caressez maintenant votre peau satinée avec vos mains et avec un tissu rèche. Titillez-vous avec une plume et avec vos ongles. Massez, caressez chaque parcelle de votre peau pour découvrir ce qui vous fait le plus plaisir. Avouez que vous aimez ça !

Massez-vous les seins avec la paume de la main. Malaxez vos tétons, caressez-les avec quelque chose de doux, de chaud, de froid... regardez-les frissonner et durcir. Faites de même avec chaque partie de votre corps. Continuez à imaginer l'effet produit par ce spectacle sur un homme.

Examinez maintenant votre sexe à l'aide d'un miroir : écartez-en les lèvres, remarquez sa couleur, sa texture. Observez votre clitoris, l'entrée de votre petite caverne. Sentez sa douceur, son humidité, ses vallées, ses collines. Introduisez le doigt et explorez. Admirez sa chaleur. Serrez votre vagin autour de votre doigt : imaginez le plaisir que procure cette pression sur la verge d'un homme.

Massez vos parties génitales. Utilisez un doigt, ou deux, ou trois, ou toute votre main. Pressez doucement, fermement, puis de plus en plus vite. N'est-il pas vraiment exquis de vous caresser le clitoris et le vagin en même temps ?

Non contente d'être extrêmement agréable, la masturbation maintient l'élasticité de vos muscles vaginaux ; c'est aussi le meilleur moyen de découvrir ce qui vous procure le plus de plaisir. Lorsque vous connaîtrez vos goûts et préférences, vous pourrez montrer à votre chéri comment s'y prendre pour vous satisfaire. Rien ne peut rendre un homme plus heureux que de contenter une femme avec sa langue ou ses doigts. Allez, soyez imaginative et aventurière quand vous vous masturbez... Voici d'ailleurs quelques idées pour vous aider dans l'exploration de vos zones érogènes.

• Faites aller et venir un objet rappelant un pénis dans votre vagin : concombre, carotte, banane, aubergine, bougie, petite bouteille en plastique... Mais rien de tranchant ni de cassable, et surtout pas de bouteille ouverte car cela ferait ventouse et vous ne pourriez plus la retirer.

• Massez votre clitoris avec un vibromasseur, promenez-le partout et faites-le pénétrer dans votre minou. Il peut aussi vous procurer des sensations très agréables sur les seins.

• Ce n'est pas très facile, mais si vous parvenez à faire jaillir l'eau de la douche sur votre clitoris, vous en tirerez une fameuse sensation.

• Tandis que vous gâtez vos parties sexuelles, n'oubliez pas de jouer avec vos seins. Les tétons de la plupart des femmes sont directement « liés » à leur sexe. Pinçotez-les, caressez-les avec du tissu rèche, cela augmentera vos sensations.

• Excitez-vous en regardant des photos érotiques d'hommes ou de femmes, ou même, pourquoi pas, des deux. Consultez des livres coquins. Susurrez-vous des mots cochons et suggestifs. Cherchez vos préférences. Insérez des cubes de glace dans votre vagin, ou des cerises, du raisin, de la purée de banane, des quartiers d'orange : faites travailler votre imagination.

Plus vous en saurez sur vos désirs sexuels, plus vous serez à même de les expliquer à votre chéri, et plus il aura de plaisir. Plus vous prendrez votre pied, plus vous serez sexy, et plus il aura envie de vous.

Pénétrer et s'agiter dans la moiteur et la chaleur de votre puits d'amour excite le pénis de votre Roméo. Mais soyez davantage que le simple réceptacle de son épée de chair, car votre vagin a des tas de possibilités. Apprenez donc à utiliser vos muscles intimes. Cette contraction sera une source de plaisir pour vous deux.

Introduisez trois doigts dans votre vagin. Pour obtenir une efficacité maximale, faites au moins vingt-cinq contractions par jour. Vous pouvez également placer dans votre vagin un vibromasseur et vous efforcer de le garder à l'intérieur à l'aide de vos muscles ; marchez sans le laisser glisser, et ce jusqu'à ce que vous puissiez l'expulser à volonté.

Voilà ! vous êtes prête pour le grand saut et les olympiades de l'amour : tournez la page, et testez enfin ces 203 façons de le rendre fou. Vous m'en direz des nouvelles...

Les jambes... oui, mais la tête aussi

L'érotisme passe d'abord par le cerveau. N'oubliez jamais que c'est votre état d'esprit qui va vous rendre sexy et vous préparer à tous ces délicieux plaisirs. Souvenez-vous comment vos caresses sur son torse et le titillement de la pointe de ses seins l'ont affolé. Mouillez en vous rappelant comment il vous a tété les seins la dernière fois que vous étiez ensemble dans un lit. Sachez qu'il en est de même pour lui lorsqu'il se remémore votre délicieux et chaud minou, ou la façon dont vous lui avez léché les oreilles... Si vous désirez devenir vraiment experte, vous devez apprendre à utiliser l'art d'anticiper. Excitez son imagination pour qu'il n'ait plus qu'une idée en tête : passer et repasser partout ses mains sur votre corps...

1. Parlez-lui du massage que vous avez pratiqué sur vous-même et de ce que vous avez fait pour vous mettre en condition à son intention : ne lésinez pas sur les détails. Invitez-le à devenir voyeur.

2. Montrez-lui des photos franchement stimulantes, pour ne pas dire « cochonnes », par exemple de femmes qui se donnent du bonheur : jeunes filles de David Hamilton, estampes japonaises, dessins érotiques de Fragonard ou sculptures orientales. Demandez-lui son opinion... et vous verrez !

3. Montrez-lui des photos coquines de vous (si vous n'en avez pas, dépêchez-vous d'en faire face à une glace, à moins que vous ayez une amie compréhensive...).

4. Envoyez-lui une photo de vous dans le plus simple appareil, sans un mot, avec juste une marque de baiser au rouge à lèvres sur l'enveloppe. (Mais n'oubliez pas d'affranchir !)

5. Demandez-lui de vous photographier, en jouant à poser pour un magazine dit de « charme ». Je suis sûre que vous êtes très douée et que vous n'aurez pas à vous forcer pour vous retrouver dans des poses très, très suggestives.

6. A l'aide d'un appareil photo disposant d'un déclencheur à retardement, prenez des photos de vous deux : vous, caressant sa queue, lui, suçant vos seins, ou encore dans l'une de vos positions favorites.

7. Lisez-lui un livre cochon, quelque chose de vraiment « hard ».

8. Enregistrez vos séances au magnétophone. Faites-les lui écouter si vous désirez qu'il vous honore une deuxième, ou une troisième fois. Ou alors glissez-en avec malice un extrait au milieu d'une de ses cassettes préférées (effet garanti entre deux cantates de Bach !).

9. Placez un petit mot très équivoque dans sa poche, dans les pages de son journal, ou glissez-le au milieu du livre qu'il porte avec lui.

10. Projetez-vous des vidéos porno. Choisissez de préférence des films d'amateurs ; c'est moins esthétique, mais plus réaliste...

11. Le téléphone est un auxiliaire précieux. Appelez-le au bureau pour lui susurrer ce que vous allez lui faire cette nuit, lui dire qu'il est l'homme le plus sexy que vous ayez jamais connu, que vous êtes nue dans le lit en train de penser à lui en vous caressant et que c'est délicieusement excitant ! Ne soyez pas avare de soupirs, de gémissements et de détails scabreux. Raccrochez. Effet garanti jusqu'au soir et au-delà...

12. N'hésitez pas à lui tenir des propos salaces dans les lieux publics, au concert ou au restaurant. Regardez-le droit dans les yeux et débitez votre petit compliment de votre voix la plus angélique. Précisez bien ce que vous lui réservez pour tout à l'heure. Et surtout... tenez bien vos promesses !

13. Suggérez-lui de vous acheter la lingerie la plus sexy qu'il puisse trouver, ou une petite chose en cuir (aidez-le en choisissant avec lui dans un catalogue). N'attendez pas pour les essayer devant lui.

14. Dites-lui que vous allez lui acheter un sous-vêtement avec un trou, juste au bon endroit, et que, lorsque qu'il le portera, il aura droit à un traitement de faveur.

15. Envoyez-lui un vêtement coquin, avec un mot lui expliquant comment vous allez l'utiliser. Ne lésinez pas sur les détails.

16. Emmenez-le à l'opéra, parée de vos plus beaux atours, et dites-lui brusquement que vous avez oublié de mettre votre petite culotte. Il risque d'en être très perturbé toute la soirée... Pauvre Verdi !

17. Envoyez-lui un bouquet de fleurs aux formes équivoques : orchidée, oiseau de paradis ou lys tigré, accompagné d'un billet suggestif.

18. Savez-vous que l'odeur de vos liqueurs vaginales est une arme redoutable ? Et si, comme je n'en doute pas, vous êtes très soignée, le parfum musqué de votre lubrifiant naturel peut se révéler un aphrodisiaque exceptionnel. Sachant que l'odeur de la femelle en chaleur exerce un attrait puissant sur les mâles, apprenez à utiliser ce parfum très « personnel » : une touche derrière les oreilles, au creux des coudes, etc., et j'en connais un qui va se demander pourquoi il ne peut tout à coup s'empêcher de poser ses mains, ou sa bouche, sur l'élue de son corps et de son cœur !

19. Essayez l'aromathérapie ; parfumez-vous aux huiles essentielles ; mettez-en dans votre bain et dans un brûle-parfum. Jasmin, ylang-ylang, patchouli, bois de santal, gingembre blanc et musc échaufferont ses sens.

20. Partagez un ou plusieurs de vos fantasmes avec lui. A la seule idée que vous puissiez en avoir, il va devenir fou. Il vous percevra alors comme une femme folle de sexe, à l'imagination débridée. Donnez des détails. Faites des suggestions, en commençant avec l'un de vos fantasmes les plus anodins et, en fonction de sa réaction, allez de plus en plus loin jusqu'à ce que folie s'en suive.

21. Demandez-lui à son tour de vous raconter un de ses fantasmes et écoutez attentivement, sans avoir l'air nullement choquée. Soyez tendre et compréhensive. Dites-lui que cela vous excite terriblement et que vous désirez au plus vite réaliser ce fantasme avec lui. S'il n'est pas inhibé, il sera ravi que ses rêves deviennent enfin réalité.

Préparer un nid d'amour

L'environnement dans lequel vous faites l'amour est aussi important que l'acte lui-même. Vous ferez l'amour tristement dans un décor lugubre, mais si vous vous retrouvez dans une atmosphère chaude et provocante, l'expérience n'en sera que plus brûlante. Les courtisanes de Louis XIV savaient créer un environnement plus que suggestif pour garder leurs nobles amants, allant même jusqu'à redécorer leur intérieur en fonction des préférences du nouvel élu. Elles prenaient soin de stimuler les sens de leurs coquins : tableaux érotiques, musique sensuelle, fruits juteux et vins capiteux, parfums et tapis voluptueux. Leur nid d'amour était paré d'une irrésistible aura de sensualité qui suffisait à mettre leurs amants en transe.

Prenez-en de la graine, et n'oubliez pas que l'atmosphère que vous créez doit stimuler ses sens avant les vôtres. Repérez bien ce qui lui fait de l'effet et agissez en conséquence. Vous venez déjà d'apprendre comment stimuler votre chéri par la voix, ou à l'aide de certaines images suggestives. Voici des idées pour peaufiner votre nid fripon.

22. Placez des estampes japonaises, des photos évocatrices ou une statuette provocante dans les endroits stratégiques de votre chambre. Elles attireront son attention à un moment crucial, et lui donneront peut-être l'envie d'essayer une nouvelle position.

23. Ne soyez pas en reste sur les plantes : une exotique ambiance de jungle est susceptible de réveiller ses instincts primitifs. Les bouquets sont un régal pour les yeux et l'odorat, et qui plus est, les tiges sont l'instrument de délicieuses chatouilles.

24. Quoi de mieux qu'une peau de bête ou un tapis très doux pour tomber dans les bras l'un de l'autre, tout nus ? Chaque couvre-sol doit être une invitation au toucher : coton bien doux, soie ou satin, velours épais. Pensez aussi aux coussins dodus, aux chaises rembourrées, aux couvertures moelleuses. Toutes ces sensations sont une invitation expresse à caresser votre peau satinée.

25. Diffusez une musique sensuelle en fonction de ses goûts : ballades, classique, rock, à moins qu'il ne préfère le bruit des vagues de l'océan. Préparez une cassette longue durée... ou, mieux encore, appuyez sur la touche « replay ». Il n'est rien de moins érotique que devoir se lever pour changer de musique au moment crucial. Veillez à concentrer votre attention sur lui et non sur la musique.

26. Vaporisez légèrement la chambre ou les draps avec un parfum discret qu'il apprécie. Il associera alors cette odeur spécifique à vos séances et vous pourrez y avoir recours en d'autres circonstances. Cela le mettra immédiatement en condition.

27. Ayez toujours une bonne cuvée en réserve, avant, pendant ou après vos ébats. Un petit verre d'un millésime de qualité est toujours le bienvenu. Attention, ne forcez pas la dose, de peur, hélas, de le voir sombrer dans un profond sommeil avant qu'il n'ait fait son ardent office. Avouez que ce serait dommage !

Préparez un petit pique-nique facile à grignoter. Rappelez-vous la fameuse scène de *la Grande Bouffe*. N'oubliez pas les cornichons !

28. Si possible, aménagez un mur de glaces ou un très grand miroir à la tête ou au-dessus du lit. La réflection (pas celle qui met en branle vos neurones, l'autre !) de vos ébats est une stimulation sans égale.

29. La lumière est primordiale ! Proscrivez tout éclairage violent, tout en laissant suffisamment de clarté pour qu'il puisse contempler combien vous êtes sensuelle, et vous admirer en pleine action. Les hommes adorent voir votre visage rougir d'excitation, votre poitrine se soulever, vos hanches onduler sous le va-et-vient de leur pénis dans votre sexe. Ne les privez pas de ce spectacle! Que la lumière soit douce. Les bougies doivent être simples (parfumées, à l'occasion). Allumez aussi, si vous le désirez, une lampe à ampoule de couleur.

30. Votre lit doit être assez grand pour que vous puissiez y rouler sans passer par-dessus bord, et assez silencieux pour ne pas vous laisser distraire par des bruits incongrus ni informer vos voisins de vos ardeurs du moment. Il doit être juste assez souple pour que vous y soyez à l'aise pendant des heures. N'amenez jamais un homme dans un lit défait, et vérifiez que les draps sont impeccables. Une multitude d'oreillers et des couvertures moelleuses créeront une atmosphère particulièrement sensuelle. Choisissez de préférence des draps de coton, mais n'hésitez pas à opter pour des draps de satin si le corps vous en dit... Tout, dans votre chambre à coucher, doit être pensé pour le confort de votre chéri.

31. Ayez à portée de main tout ce qui peut vous être utile le moment venu : préservatifs, lubrifiant, onguents, huiles pour le corps, petites serviettes, Kleenex, littérature canaille, sans oublier les gadgets auxquels je ne saurais trop vous recommander d'avoir recours : vibro-masseur, plume, corde de soie, godemiché. Cela vous évitera de vous interrompre en pleine action.

32. Aménagez votre environnement en multipliant les clins d'œil. Il adore le noir ? Glissez un oreiller de velours noir dans votre boudoir. Le raisin est son fruit préféré ? Offrez-lui en au lit. Son truc, c'est les plumes ? Choisissez-en de toutes tailles et de toutes formes. En flattant son ego, vous allez le propulser vers les sommets de la gloire.

Hors du nid

Maintenant que votre chambre est devenue un havre de sensualité, ne vous endormez pas pour autant sur vos lauriers : la routine est un tue-l'amour. Une vraie amoureuse doit savoir pimenter ses rendez-vous galants à l'aide de toutes sortes de condiments. Le seul fait de changer de pièce donne tout de suite un caractère particulier à la chose. Les hommes adorent la nouveauté : faites fonctionner vos méninges afin d'assouvir leur goût de l'innovation. Prévoyez l'imprévu. Ayez « spontanément » envie de faire l'amour dans un endroit où vous risquez d'être découverts. Un zeste de peur peut déclencher le grand frisson qui compensera les petites inquiétudes suscitées par la situation. Pensez par exemple à Julie Christie bricolant sous la table, dans *Shampoo*. Excitant, non ?

Ce genre de situation, pas trop difficile à organiser, laisse un souvenir impérissable.

33. Vous pouvez tout simplement faire des travaux d'approche en regardant la télé dans un grand fauteuil, puis glisser sur le tapis. Évitez la chambre à coucher. Toutes les autres pièces sont vivement recommandées. Organisez une séance plutôt cérébrale dans le bureau, nostalgique dans le grenier, bizarre à la cave, furtive dans les toilettes. Les escaliers vous invitent à des positions originales. Ne dédaignez ni la table de la cuisine, ni la baignoire ni votre immense placard à vêtements. Tous ces endroits peuvent s'avérer singulièrement érotiques.

34. Et maintenant, sortez! Commencez à l'entreprendre derrière les buissons, près de la porte ou dans la balancelle au clair de lune. Si vous habitez un immeuble, il vous faudra un peu plus d'imagination pour trouver des lieux hors du commun, mais les risques de se faire pincer pimenteront la chose : si vous le pouvez, grimpez sur le toit de votre immeuble et profitez de la voûte étoilée. Attention à ne pas glisser !

35. L'ascenseur... Peut-on imaginer situation plus polissonne que de maintenir la touche en position « arrêt » tandis que, le dos à la paroi, il vous fait apprécier sa virilité ?

36. N'oubliez pas votre gîte d'amour à quatre roues. Eh oui ! votre voiture. Vous faire l'amour sur les sièges rabattus va lui rappeler sa folle jeunesse, et vous, sacrée veinarde, allez profiter de cette belle vigueur retrouvée.

37. Faites-lui une surprise (encore une !) et rendez-lui visite à son bureau. Dites à la secrétaire de ne plus lui passer d'appels et faites-vous renverser sur la table entre l'agrafeuse et le dossier « contentieux ». Vous pouvez aussi essayer un petit coup vite fait dans l'ascenseur. Mais attention, ne vous faites pas pincer par son patron !

38. Lors d'une soirée destinée, entre autres, à favoriser les approches en tout genre, passez votre temps à lui jeter des regards lourds de sous-entendus, accompagnés de discrètes mains baladeuses. Puis, le moment venu, entraînez-le dans la salle de bains, la chambre ou même les toilettes de votre hôte. Vous pouvez laisser la porte entrouverte pour accroître le suspense... S'il s'agit d'une garden-party, attirez-le dans les buissons, derrière un très gros arbre, ou sur la plage, le bruit de fond vous servant de musique d'ambiance.

39. Donnez-lui rendez-vous pour une collation dans un hôtel, puis entraînez-le dans la chambre que vous avez retenue afin de lui faire une surprise. Ou bien laissez un message à la réception, avec le numéro de la chambre. Attendez-le dans le lit avec le minimum de vêtements sur le corps... et le maximum d'idées derrière la tête !

40. Emmenez-le pour une balade en voiture. Arrêtez-vous pour lui faire admirer le paysage.

Puis donnez-lui un aperçu de votre désir violent en pleine nature.

41. Récupérez les clefs de l'appartement d'un ami absent. Dites à votre chéri que vous désirez lui faire l'amour sauvagement. L'idée de faire des galipettes dans le lit de quelqu'un d'autre risque d'émoustiller ses sens et de réveiller ses pulsions. Le faire dans l'appartement d'un Casanova local peut inciter votre bien-aimé à vouloir se montrer plus à la hauteur que jamais.

42. Invitez-le à déjeuner chez vous, un jour de semaine. Servez un repas fin, agrémenté d'une bouteille de vin léger et de quelques sourires engageants. Faites-lui découvrir que vous ne portez rien sous votre sévère petit tailleur. Vous verrez qu'après une bonne sieste coquine, vous serez en super forme pour finir votre journée de travail.

43. Proposez-lui une soirée au bord de la mer, suivie d'un bain de minuit dans le plus simple appareil. Caressez-le sous l'eau. Ce sera le prélude à un feu d'artifice érotique (s'il ne sait pas nager, prévoyez une bouée!).

44. Profitez des heures creuses de votre club de gym. Une fois au sauna, présentez-vous comme sa masseuse particulière. Vous ne pouvez le faire dans de bonnes conditions que si vous êtes nus tous les deux, mais n'oubliez pas de vous munir d'une serviette, car d'une part les lattes de bois sont rarement rembourrées, et d'autre part il ne faut pas qu'il attrape froid. Après avoir eu bien chaud, séchez-le des pieds à la tête en insistant particulièrement sur le bas du ventre. Ces parties-là sont tellement fragiles!

45. Faire l'amour dans les toilettes d'un avion? Sans doute avez-vous toujours pensé (à tort) que c'est impossible. Évidemment, le plus difficile est d'y entrer et d'en sortir sans se faire remarquer par ceux qui attendent leur tour (peut-être pour y faire la même chose!). Donnez-lui donc rendez-vous au milieu du film, pendant qu'on sert le repas ou lorsque tout les passagers dorment. (Choisissez de préférence un Paris-Bangkok à un Paris-Lille...)

Maintenant que vous voilà dans les lieux, adoptez la meilleure position : lui assis sur le siège (couvercle rabattu), et vous installée sur ses genoux, en vis-à-vis. Cela est possible si vos tailles ne sont pas trop différentes. Bien sûr, vos mains et vos langues ne doivent pas rester inactives. Quelle que soit la façon dont vous procédez, on n'a encore rien trouvé de mieux pour tromper l'ennui d'un vol à 10 000 mètres d'altitude. Attention, si l'atmosphère est vraiment « chaude » dans ce local exigu, vous risquez de déclencher le signal d'alarme « incendie » et de faire atterrir l'avion en catastrophe... A vos risques et périls !

Jeux et jouets

Quand vous vous sentez d'humeur ludique, ou pour dégeler l'atmosphère après une longue période d'abstinence, rien ne vaut la pratique de quelques jeux coquins.

Les Japonais, qui utilisent depuis des siècles des jouets érotiques, sont passés maîtres en ce domaine. Les célèbres geishas n'ont d'autre but dans l'existence que de plaire aux hommes de la manière la plus variée et la plus raffinée possible. Elles possèdent, pour ce faire, des objets destinés à faire travailler l'imagination des hommes.

Vous pouvez vous familiariser avec ces gadgets dans tous les bons sex-shops ; n'ayez pas honte de demander au vendeur, il est habitué : pour lui, vous n'êtes personne d'autre qu'une gentille cliente, et vous finirez bien par trouver un objet qui excitera votre curiosité. Achetez-le et voyez le parti que vous pouvez en tirer.

Autre jeu : défiez votre homme au strip-poker, aux dames ou aux échecs. Inventez un scénario équivoque. La plupart de ces jeux ne nécessitent pas une argumentation très soutenue : votre meilleur atout est votre disponibilité d'esprit. Votre imagination érotique vous aidera à inventer les règles du jeu. Laissez libre cours à votre imagination : les hommes adorent l'aventure.

46. Utilisez votre vibromasseur en stimulant délicatement sa verge et ses testicules. (J'ai dit : dé-li-ca-te-ment, car autrement ça peut faire mal !)

Testez différentes façons de le titiller avec l'objet, jusqu'à ce que vous découvriez ce qui fonctionne le mieux sur lui. N'oubliez pas de passer votre main sur d'autres parties de son corps, afin de maintenir le chaleureux contact de la peau. Ne pressez pas trop fort, bougez lentement, doucement... Utilisez le vibromasseur comme une terminaison de vous-même. Caressez ses zones les plus sensibles.

47. Si vous avez la chance d'avoir un amoureux large d'esprit, il devrait apprécier le traitement qui suit : enduisez votre vibromasseur d'un peu de lubrifiant et, avec infiniment de précautions, tentez une approche de son anus. S'il ne perçoit pas cela comme une atteinte à sa virilité, vous vous régalerez de la sensation d'avoir, vous aussi, un pénis.

48. Votre sex-shop offre certainement une grande variété d'objets propices aux chatouilles coquines. Pensez aux petits manchons dont on recouvre le bout de la verge et qui sont équipés de bosses, de petites dents, de crêtes ou d'autres gâteries qui stimuleront votre vagin. Achetez-en quelques-uns et invitez votre chéri à vous « agacer ».

49. Le « cock-ring » est un gadget à faire découvrir au pénis de votre bien-aimé. Cet anneau de caoutchouc ou de métal, voire de cuir, se pose coquettement à la base de la verge ou même des testicules. Il maintient l'érection et donne la plaisante sensation de se sentir équipé d'un outil infaillible. Votre amant aura l'impression de disposer d'un Stradivarius alors qu'il croyait ne posséder qu'un vulgaire instrument de série.

50. Achetez un jeu de cartes érotiques, ou bricolez-en un. Ces images doivent suggérer des indications du genre «embrasser», «sucer», «lécher», «fesser». Il y aura des cartes avec des parties précises du corps : «seins», «oreille», «mamelon», «fesses», «pénis». Prenez une carte de chaque catégorie, et obéissez strictement aux combinaisons dictées par le hasard. Attention ! On ne triche pas !

51. Demandez-lui de vous emmener au lit et de vous utiliser exclusivement pour son plaisir (ce qui ne vous empêchera pas de prendre le vôtre au passage...).

52. Entraînez-le au lit et sautez-lui sauvagement dessus, comme si vous le violiez.

53. Défiez-le en duel : le premier qui a un orgasme a perdu. Le vainqueur gagnera une participation à une soirée érotique de son choix.

54. N'oubliez pas que n'importe quel jeu peut devenir érotique : cela ne dépend que de vous. Vous pouvez organiser une partie de Trivial Pursuit, de strip-Scrabble, de strip-dominos, de strip-Monopoly, etc.

55. Puisque nous en sommes à l'effeuillage, offrez-lui une séance de strip-tease particulière. Ayez recours à des accessoires : gants, plumes, ceinture, lingerie affriolante... Laissez-vous guider par votre inspiration, et soyez aguichante. Ôtez très lentement chaque vêtement en rythme avec la musique d'ambiance. Pensez à la célèbre scène du film *Neuf semaines et demie*, avec Kim Basinger et Mickey Rourke. N'ôtez qu'à contrecœur votre petite culotte et, une fois dénudée, caressez votre ventre, votre petit buisson, vos seins... Invitez-le à se dévêtir à son tour, au son de la même musique langoureuse.

56. Téléphonez-lui au travail pour lui poser une question osée. S'il donne la bonne réponse, vous serez ce soir son esclave. S'il a tout faux, c'est lui qui sera à vos pieds. La question ne devra pas être trop difficile, afin de lui laisser un maximum de chances de trouver. S'il n'y parvient pas, donnez-lui une autre chance pour le jour suivant, jusqu'à ce qu'il gagne, et ainsi de suite.

57. Par un dimanche pluvieux, lorsque l'on est si bien chez soi, demandez-lui de rester nu toute la journée. Faites-lui des câlins, mais refusez-vous à lui et ne cédez que le soir venu. (Attention à bien monter le cha··ffage, afin qu'il ne prenne pas froid.)

58. Vous pouvez renverser les rôles et parader dans le plus simple appareil en vous trémoussant. Mais précisez-lui qu'il est hors de question qu'il vous touche. Son esprit de contradiction fera le reste.

59. Faites des charades érotiques. Vous devez être nus tous les deux. L'un des partenaires doit mimer une envie sexuelle. Par exemple : vous le désignez, vous léchez vos lèvres, triturez vos mamelons, puis agitez vos dix doigts. Traduction : « Je veux que tu me suces les seins pendant dix minutes. » Peu importe si la charade s'avère quelque peu tarabiscotée : personne ne fait rien tant que la bonne réponse n'a pas été trouvée. Chacun joue à son tour, jusqu'à ce que, épuisés par l'excitation, vous ne puissiez plus vous retenir de passer à l'acte.

60. « De quel parfum s'agit-il ? » est un jeu tout à fait charmant. Oignez d'huile l'entrée de votre sexe, et invitez-le à l'explorer avec sa langue pour deviner de quelle essence il s'agit. Donnez-lui sa chance en lui suggérant de faire de même sur le bout de sa verge... On n'a pas le droit de passer à l'acte avant d'avoir découvert le nom du parfum. A moins que le léché ne puisse attendre plus longtemps...

Les délices
des préliminaires

Nombre d'hommes ont conscience qu'ils ne consacrent pas le temps nécessaire aux préliminaires. Souvent, ils ne savent pas vraiment comment s'y prendre et ne se rendent pas toujours compte qu'ils sont aussi excitants que l'acte lui-même, sinon plus. Je ne parle même pas des pré-préliminaires, mais je me rappelle toujours cette phrase de Sacha Guitry : « Le meilleur moment, c'est lorsque l'on monte l'escalier... » Rien n'est plus bouleversant que de sentir la tension qui monte et le premier contact d'une peau contre une autre peau brûlante, la splendeur d'un sexe de femme qui s'humidifie, et la glorieuse turgescence de son propre organe. Seule une femme sensible et sensuelle peut apprendre à un homme l'art d'apprécier véritablement toutes les joies des préliminaires. Faites-lui découvrir une expérience unique, celle de vous faire naître sous ses mains.

Pour cela, trois principes fondamentaux : penser sexe, invention et détente.

Penser sexe : c'est la base de l'amour réussi. Le but : se sentir de plus en plus désirable et désiré par l'autre.

Penser invention : c'est l'art de rendre les préliminaires chaque fois plus excitants, et de débarrasser votre homme une fois pour toutes de ses idées préconçues sur la façon de faire l'amour. Offrez-lui quelque chose d'inattendu, d'étrange, bref, un scénario auquel il ne s'attend pas.

Penser détente : C'est la clé de la passion durable. Si vous le sentez relaxé, prêt à savourer la lente montée du plaisir, vous en ferez le partenaire idéal.

Le baiser

Embrasser est tout un art. Nous pratiquons si souvent et si mécaniquement ce rituel érotique qu'il en est parfois dévalorisé et banalisé. On en oublierait combien il peut être érotique. Voilà pourquoi vous devez aborder chaque baiser avec cette idée toujours présente à l'esprit. Posez vos douces lèvres sur sa bouche, puis venez chercher sa langue : vous êtes sur la bonne voie pour créer une complicité plus que sensuelle. Concentrez-vous sur le plaisir de vos lèvres contre ses lèvres, de votre langue contre sa langue, et sur le subtil contraste du sec et du mouillé : pour lui, c'est le début d'une érection. La volupté et le magnétisme de deux lèvres aspirantes lui rappelleront l'excitation qu'il a éprouvée à son premier baiser. Soyez inventive ! Utilisez vos lèvres, votre langue, vos dents ! Appuyez fort. Sucez, aspirez, léchez. Attardez-vous amoureusement, pressez passionnément. Et surtout, répondez aussitôt à l'appel de ses lèvres. Ce n'est pas un jeu en solo, mais un duo harmonieux et amoureux.

61. Léchez les coins de sa bouche, qui sont particulièrement sensibles.

62. Offrez-lui l'intérieur de vos lèvres tandis qu'il vous embrasse : c'est encore plus doux

et sensible, et c'est un geste d'une profonde intimité.

63. Caressez son visage, sa nuque, son cou, et prenez-le dans vos mains tandis que vous l'assaillez de baisers.

64. Massez-lui les gencives avec votre langue, enroulez-la sur la sienne, poursuivez avec des grignotis et de petits baisers.

65. Tandis que vous jouissez de ces baisers, faites une pause et, bouche contre bouche, aspirez fort sa respiration. Positivement « hot » !

66. Une multitude de petits baisers rapprochés et aspirants rendent fou, et lui donnent vite envie de vous connaître plus profondément.

67. Il existe une technique tirée de l'*Ananga Ranga*, un vieux traité indien de l'amour (qui n'a rien a envier au *Kama Sutra*). Fermez ses paupières d'une main, glissez votre langue dans sa bouche. Explorez-en chaque millimètre, en lui laissant entendre que des sensations encore plus intimes l'attendent. La vulnérabilité et le mystère créés par les yeux clos augmenteront les plaisirs ressentis par votre amant.

Solo pour deux

68. Mettez en scène un petit show qu'il n'oubliera pas de sitôt : votre propre masturbation en direct (mais attention, pas en play-back !). Tous les hommes en rêvent, mais la plupart des femmes n'osent leur offrir cette gâterie. C'est probablement là que vous visualiserez ce que peut être le désir à l'état pur sur le visage d'un homme et, croyez-moi, toutes vos inhibitions (si vous en avez encore !) s'envoleront définitivement.

69. Demandez-lui de lécher vos doigts tandis que vous vous masturbez. C'est encore plus chaud !

70. A lui maintenant de vous rendre la monnaie de votre pièce : demandez-lui de se masturber devant vous. Normal, non ?

Les vêtements,
l'arme par excellence

71. Ne portez pas ou peu de sous-vêtements et, au moment opportun, soulevez négligemment ce que vous avez à soulever.

72. Autre surprise coquine : vous êtes en tenue de bureau et vous vous déshabillez. Que découvre-t-il ? un soutien-gorge révélant les tétons, un bustier, des jaretelles ou une ceinture lacée... et, bien sûr, pas de culotte !

73. Apportez un soin particulier à votre lingerie de nuit. N'oubliez jamais que ce qui est caché est plus excitant que ce qui est dévoilé.

Arborez une belle chemise de nuit noire frou-froutante (d'accord, c'est un cliché, mais ça marche toujours!) ou une chemise de coton blanc à manches longues, fermée jusqu'au cou (jouez le côté vierge, pudique, effarouchée : ça excite vraiment), un pyjama ou carrément des sous-vêtements masculins, une camisole, une légère chemise de soie dénudée sur l'épaule, bref, n'importe quoi qui permette de voir en transparence. Constatez l'effet produit, laissez votre chéri admirer, et hop! ôtez tout.

74. Déguisez-vous : soubrette, hôtesse de l'air, infirmière, femme de chambre ; et proposez-lui de le déguiser en jouant le rôle qui correspond à votre costume.

75. Déshabillez-vous lentement et de façon très suggestive. Ôtez langoureusement chaque vêtement en le laissant glisser le long de votre corps, avant de le laisser choir à vos pieds. Déroulez patiemment vos bas le long de votre jambe tendue sur un fauteuil. Demandez (poli-ment!) son aide pour ouvrir votre fermeture

Éclair. Débarrassez-vous de votre chemise en élevant bien les bras au-dessus de votre tête, ce qui met en valeur la poitrine... Soyez très chatte... sur un toit brûlant.

Une fois en soutien-gorge et en string (car je ne vous imagine pas arborer une grosse culotte de coton), tournez-lui le dos, puis faites-lui face pour qu'il se rassasie de votre nudité. Prenez votre temps en dégrafant votre soutien-gorge, arrêtez-vous sur vos mamelons, ou votre étoile. Faites-le à la lumière des bougies, ce qui donnera un éclat particulier à votre corps et en masquera les éventuelles imperfections.

76. A lui de vous déshabiller. Aidez-le en vous étirant le plus lascivement possible après chaque vêtement ôté.

77. Déshabillez-le très, très lentement en l'embrassant au fur et à mesure. Commencez par la chemise dont vous vous caresserez le visage en humant son parfum. N'oubliez pas de le déchausser, sinon vous pourriez avoir quelques problèmes avec le pantalon. Cajolez sa verge à travers le tissu avant d'ouvrir la braguette, tout en continuant les baisers. Protégez de vos mains son service trois pièces avant d'ôter le pantalon. Tendez bien l'élastique de son caleçon pour ne pas brusquer cette belle érection, et faites glisser doucement. Le terrain est sensible. Et voilà! Vous obtenez quoi? Un paquet cadeau d'une exceptionnelle qualité.

78. Vous pouvez aussi mettre en valeur votre nudité à l'aide d'un bijou, afin de cristalliser l'imagination érotique (boucles d'oreilles ou rangs de perles que vous agiterez sur sa poitrine ou son pénis). Entourez-vous d'une longue écharpe de soie, frôlant vos seins et sa peau. Et si, d'aventure, vous portez une simple chaîne à la taille, ou des bracelets cliquetant délicatement sur sa peau nue, il disjonctera complètement!

79. Jouez le contraste : gardez tout, sauf votre petite culotte, et invitez-le à vous déshabiller sauvagement... Un homme porté sur la chose m'a initiée au «viol» par un bouillant samedi après-midi, en me prenant complètement habillée. Je n'arrive toujours pas à comprendre comment il a pu introduire son sexe gonflé à travers mon slip. Il est étonnant de constater à quel point un homme vraiment déterminé peut se montrer habile !

Accessoires

80. *Cheveux longs.* Promenez votre crinière sur son pénis. Laissez vos cheveux aller et venir autour de ses testicules et le long de ses cuisses.

81. *Peintures sur le corps.* Rejouez la délicieuse scène de *Cousin, Cousine* dans laquelle les amants au bain se peignaient mutuellement le corps. Après l'amour en technicolor, lavez-vous tous les deux en vous caressant sous la douche.

82. *Huiles érotiques.* Après vous être oints d'huile, laissez votre complice vous contempler en train de masser les lèvres de votre délicat

minou. Invitez-le à caresser son pénis. Massez-lui aussi les parties (celles d'entre vous qui oseraient me demander : «lesquelles?» n'ont pas le droit d'aller plus loin...) avec une attention toute particulière pour le bout du gland.

83. *Écharpes de soie.* Agacez-le gentiment avec une écharpe, par petits à-coups. Promenez le tissu sur toutes les parties du corps, sexe et seins compris. Liez-lui les mains ou les pieds.

84. *Miroirs.* Si par malheur il ne s'en trouve aucun en face de votre lit, déplacez-vous pour faire l'amour devant un grand miroir. De temps à autre, n'hésitez pas à vous coller carrément tout contre pour vous rafraîchir la peau.

85. *Plumes.* Un boa en plumes d'autruche ou de perroquet fera parfaitement l'affaire... Le visage, les seins, le cou, le nombril, l'arrière des genoux, la verge, le scrotum et le bas du dos sont particulièrement réceptifs.

86. *Fruits.* Des cerises ou autres fruits rouges placés à l'entrée de votre sexe sont une invite à un en-cas original et succulent. Mieux, une banane épluchée qu'il doit extraire tout en la dégustant sans l'aide des mains. Et à l'occasion, garnissez votre «intérieur» de purée de banane, de mangue ou de papaye, pour un va-et-vient moelleux.

87. *Miel.* Un truc des courtisanes du temps jadis. Enduisez de miel vos seins et vos lèvres (toutes vos lèvres!) avant qu'il ne les lèche goulûment (la crème fouettée n'est pas mal non plus). N'oubliez pas de faire de même sur son corps, puis dégustez!

88. *Glace.* Rafraîchissez votre bouche à l'aide de quelques cubes de glace avant une tendre fellation. Génial!

89. *Esquimaux.* Procurez-vous un esquimau au chocolat ou à la fraise, en fonction de ses préférences. Léchez le bâton glacé de façon équivoque, avant de vous en servir pour vous masturber. Lorsque la tension atteint son point culminant, invitez-le à venir pénétrer votre fente glacée. Bouillant !

Jeux d'eau

L'eau est certainement dans la nature l'élément le plus sensuel ; c'est une véritable invitation à l'amour. N'ayez pas peur de la mêler le plus souvent possible à vos jeux érotiques.

90. Léchez-le de bas en haut après sa douche, jusqu'à ce que la plus petite goutte ait disparu.

91. Après une dure journée de labeur, proposez-lui un bain moussant. Remplacez l'éclairage trop cru de la salle de bains par des bougies parfumées, dégustez un peu de champagne ou un vin suave avec un fond de musique

langoureuse de circonstance. Savonnez-vous l'un l'autre de haut en bas.

92. Arrosez-le à l'aide de la pomme de douche, puis coupez l'eau et savonnez-le avec un savon au bois de santal, aux effluves de sapin ou de menthe. Rincez. Faites couler un bain chaud adouci d'une huile de bain masculine. Laissez-y mariner l'objet de vos désirs. Offrez-lui alors un strip-tease d'enfer agrémenté de lecture de textes érotiques lui laissant présager ce qu'il va découvrir en sortant du bain.

93. Invitez-le à partager un bain bien chaud et émollient. Faites suivre d'une douche revigorante, savonnez-le en entier, massez-lui le cuir chevelu en le shampouinant. Enveloppez-le dans une serviette gigantesque, entraînez-le vers le lit pour un massage à l'huile pour bébé. Vous m'en direz des nouvelles...

Corps à corps

En explorant le corps de votre amant, appliquez-vous à découvrir ses nombreuses zones érogènes. Il n'est pas impossible que vous en trouviez d'inattendues, encore inconnues de vous, et peut-être même de lui...

94. *Cils.* Un doux baiser, une légère succion, ou une délicate caresse sur les cils sensibles de votre chéri s'avère un geste d'intimité inhabituel auquel il ne pourra que se montrer particulièrement sensible.

95. *Oreilles.* Selon certains spécialistes, une connexion directe existe entre le pénis et les oreilles. Il ne tient qu'à vous de le vérifier. Sucez, léchez, mordillez le lobe et les tendres innervations de ses lobes, tout particulièrement. Pour un effet garanti, allez et venez avec votre langue dans la cavité, cela lui rappelera sans peine d'autres gymnastiques...

96. *Cou.* J'ai découvert que la portion de peau comprise entre le menton et la pomme d'Adam est très sensible aux suçotements et aux petits coups de langue. Alternez en mordillant les tendons qui relient les oreilles aux épaules. Quand il est à point, maintenez encore un peu la pression, et sa verge ressemblera très vite au battant d'une cloche...

97. *Cheveux.* Si l'on s'y prend bien, caresser une chevelure avec art provoque une sensation qui mène tout droit au septième ciel. Faites-lui baisser la tête, léchez-le dans le cou juste à la naissance des cheveux tout en lui susurrant combien c'est délicieux.

98. *Aisselles.* Les parties poilues du corps, et en général les moins exposées, sont plus sensibles que les autres. La partie située sous les bras est par exemple l'une des zones érogènes les moins connues du corps humain.

Profitez-en : léchez, mordillez, sucez, pinçotez. Au bord de l'extase, il vous suppliera de le laisser venir en vous. (Tenez bon le plus longtemps possible !)

99. *Mamelons.* Savez-vous que les tétons des hommes sont aussi sensibles que les vôtres ? Les femmes adorent qu'on les leur caresse longuement, alors que chez les hommes la sensation est plus localisée et aiguë. Faites-lui donc ce que vous aimeriez qu'il vous fasse, tout en sachant arrêter avant que cela ne devienne une torture. Léchez, sucez, mordillez en cercle. Triturez gentiment avec vos doigts. Nappez de crème fouettée, de fruits écrasés, de miel, avant de déguster. N'oubliez pas de flatter sa verge avec vos mains enduites de nectar. Passez à autre chose alors qu'il vous supplie de continuer. Atroce !

100. *Nombril.* Encore un endroit savoureux et trop souvent oublié où vous pouvez introduire votre langue après avoir massé, léché, sucé tout autour. Faites-lui des chatouilles avec les doigts ou soufflez un tiède zéphyr entre ses poils. Versez quelques gouttes de votre alcool préféré et lapez avec avidité.

101. *Colonne vertébrale.* Je suis à peu près sûre que vous n'avez jamais imaginé à quel point cette partie du corps pouvait être érogène. Eh! bien, sachez que le coccyx est tellement sensible qu'on pourrait le croire directement branché sur les parties génitales. Tapotez, léchez avec insistance et sucez voracement en portant une attention toute spéciale au bas de la colonne. Profitez-en pour passer votre langue gloutonne sur le haut de ses fesses.

102. *Intérieur des cuisses.* Cette partie délicate, située entre les genoux et la fourche, est un havre de délices cachés. Plus vous montez, plus vous l'excitez. Caressez légèrement, pressez, chatouillez gentiment. Sucez puis mordillez le tendon tout près du scrotum. Comme cet endroit répond particulièrement aux stimulations érotiques, consacrez-y le temps nécessaire, puis arrêtez-vous au bassin avant de vous rendre tambour battant au frémissant pénis.

103. *Mains.* Décrivez de petits cercles avec vos ongles sur l'intérieur de ses paumes. Ou bien léchez-les en le regardant dans les yeux. Sucez chaque doigt comme s'il s'agissait de son sexe. Agacez la pulpe de ses doigts avec vos dents. Léchez le dessus de ses mains en rond. Léchez également entre les doigts, et sucez les articulations.

Puisque vous vous occupez de ses mains, profitez-en pour les guider vers vos seins ou bien pour les amener mine de rien vers votre buisson ardent. Une fois rendus là, il serait étonnant qu'il ne veuille en profiter pour aller plus loin. (Si ce n'est pas le cas, changez de partenaire !)

104. *Pieds.* Vous savez combien les pieds sont sensibles et chatouilleux. Utilisez votre langue, votre bouche, vos ongles, comme vous le faisiez pour ses mains, en vous consacrant aux orteils. Passez votre langue entre chacun d'eux et sucez-les : il peut arriver que cela mène à l'éjaculation (mais si ! mais si !) ; n'oubliez pas la plante des pieds. La partie arrière du talon, tout près du tendon d'Achille, est le point qui, selon les acupuncteurs, correspond aux stimulations sexuelles. Massez cet endroit, pressez-y vos lèvres, votre langue, vos dents. Une nouvelle zone érogène est révélée, et c'est *vous* qui l'avez découverte. Bravo !

105. *Fessier.* Cette partie de son anatomie, si agréable à regarder dans un jean bien moulant, ne demande qu'à être caressée. Ne ratez pas pareille occasion de vous donner du plaisir à tous les deux. Débutez par un lent massage des fesses, puis tendez bien la peau que vous effleurerez avec vos ongles. Jouez avec les mignons petits poils du bas du dos, et massez le coccyx. Mordillez, tapotez, embrassez, léchez et suçotez. Si vous parvenez à vous occuper de sa verge en même temps, ça le rendra fou à coup sûr

106. *Anus.* Zone souvent taboue, elle est pourtant l'une des plus sensibles de son corps. Ne l'éliminez surtout pas de vos jeux érotiques du simple fait que vous n'arrivez pas à oublier sa fonction ! Habituez-vous à la considérer comme n'importe quelle autre partie du corps, et vous découvrirez alors ses incroyables possibilités érotiques.

Si vous vous êtes bien lavés tous les deux, vous n'avez rien à craindre. D'ailleurs, les réactions provoquées par vos explorations suffiront très vite à faire disparaître vos inhibitions.

Un délicat massage du bout des doigts sur la région anale est délicieux, surtout si vous l'étendez au scrotum. Pinçotez, soufflez et (mais oui !) léchez. L'humidification permettra l'introduction du bout de votre doigt. Massez alors circulairement, entrez puis sortez. Ce petit jeu est encore plus excitant si vous mouillez votre doigt dans votre vagin (mais faites-le bien *avant* d'avoir introduit votre doigt dans son anus). Si vous caressez sa verge en même temps, il grimpera très vite aux rideaux (à condition que vous en ayez, bien sûr, sinon ce seront les voisins d'en face qui se délecteront du spectacle).

107. *Scrotum et testicules.* Le scrotum (la peau des bourses), particulièrement sensible, doit être traité avec infiniment de douceur. Tapotez, léchez ou soufflez dessus très délicatement. Une main pour la queue, l'autre pour le scrotum : encerclez-le, juste à la base du corps, pincez la peau, relâchez sans brusquer. Caressez en rythme scrotum et pénis. Sachez qu'une traction trop ferme des testicules amène à l'éjaculation ; une ruse que vous pouvez utiliser si vous n'êtes pas tout à fait prête pour le grand final.

108. *Périnée.* Ce petit espace situé entre l'anus et les bourses est un des endroits les plus secrets et sensibles chez l'homme (et chez vous aussi, Madame). Une simple pression des doigts déclenche des vagues de plaisir dans toute la zone génitale. Vous pouvez vous y attarder en pressant ou massant en rond avec vos doigts, tandis que vous vous occupez de l'anus ou de la verge. Votre Roméo ignore peut-être encore ce point chaud de son propre corps : il vous sera reconnaissant de le lui avoir fait découvrir.

Il n'y a pas que les jeux de mains...

On pense le plus souvent à caresser la peau d'un homme avec les mains, la bouche ou la langue. Essayez donc autre chose de temps en temps ; les diverses parties de votre corps sont autant d'instruments de plaisir. Une fois de plus, soyez imaginative, audacieuse et provocante.

109. *Cils.* Battez des cils, vite ou lentement (en alternance), contre ses joues, ses oreilles, ses lèvres, ses tétons, sa queue, ses bras, ses joues, la plante de ses pieds.

110. *Cheveux.* Si vous avez les cheveux longs, c'est le moment de vous en servir pour balayer délicatement tout son corps, sans oublier le pénis. (Si vous avez les cheveux courts, passez directement au numéro suivant.)

111. *Dents.* Mordillez-le là où vous avez envie de l'embrasser. Tenez sa tête gentiment contre la vôtre pour déguster sa lèvre inférieure. Jouez les vampires en mordillant et suçant son cou. C'est bon aussi au creux du cou, derrière les genoux, sur les tétons, les cuisses. Alternez coups de langue torrides et délicats coups de dents sur le pourtour des oreilles. (Si vous n'avez plus de quenottes, procurez-vous un dentier.)

112. *Mamelons.* Promenez vos tétons en érection sur tout son corps, en flânant aux endroits les plus sensibles. Introduisez-les dans ses cavités et ses vallées : oreilles, nombril, raie des fesses, anus, etc. Pressez-les contre ses propres mamelons. Caressez ses lèvres et laissez-le en profiter un moment. N'oubliez pas d'effectuer quelques passes autour de son paquetage. L'image et les sensations risquent fort de le rendre fou. (Si vous n'avez pas de seins, rien de grave : les tétons suffisent.)

113. *Toison.* Caresser son corps entier avec votre toison pubienne et votre bassin est une délicieuse façon de réveiller ses instincts de fauve. Une fois qu'il est étendu, entreprenez son ventre et ses épaules avec des mouvements tournants. Si vous mouillez, cela l'excite encore plus. Caressez ses genoux avec les lèvres de votre minou. Introduisez-y ses orteils. Gardez la queue pour la fin, lorsque vous aurez terminé votre périple.

En passant, attardez-vous sur sa bouche. Je serais d'ailleurs étonnée qu'il n'en profite pas pour vous faire une petite minette.

Terminez en beauté en vous frottant sur la hampe de sa verge, et augmentez la pression jusqu'à ce qu'il implore grâce en haletant : « Prends-moi ! Prends-moi ! » A vous de juger s'il est opportun de soulager sa souffrance dès maintenant, ou de prolonger sa torture.

114. *Pieds.* Ils doivent être propres, évidemment. Placez-vous tête-bêche et caressez-le partout avec vos orteils, comme vous le feriez avec vos mains. Non contente d'être exotique, cette prestation lui offre une vue imprenable de votre fente. Vous pouvez également le masturber entre vos petons. Prodiguez alors un va-et-vient de haut en bas sur sa verge coincée entre vos deux coquins de pieds. Vous pouvez utiliser vos gros orteils. La chose sera rendue encore plus excitante si vous utilisez votre « lubrifiant naturel ».

115. *Massage sensuel.* Aucun homme ne peut résister à un massage bien fait. Vérifiez que la pièce est chauffée et que vous êtes tous deux bien propres avant de l'installer sur le lit ou sur un tapis épais. Vous devez être entièrement nus. Enduisez vos mains d'huile, afin qu'elles glissent idéalement sur sa peau. Employez de l'huile de massage ou de l'huile végétale légèrement parfumée.

Autant que possible, utilisez toute la largeur de votre main, doigts serrés. Vous pouvez commencer où bon vous semble et caresser avec des mouvements lents, sans vous arrêter. Pétrissez avec vos doigts, pressez avec vos paumes, faites des cercles avec la main entière, tapotez avec la tranche de la main, puis revenez à votre position de départ avant d'entreprendre une autre caresse. Répétez chaque opération au moins trois fois. Cela ne vous empêchera pas, tout en massant, de jouer de la langue sur ses mamelons, son cou, son ventre, bref, partout où le cœur vous en dit. Essayez de tenir ce rythme une demi-heure durant. Ensuite, vous pouvez le sécher gentiment dans une énorme serviette tiède, puis vous enduire d'huile et vous frotter contre lui pour attendre la suite des événements dans cette douce intimité.

Que faire avec son pénis?

116. *Le tenir correctement.* Il serait naïf de croire que ce qui fait du bien à votre clitoris ou à votre puits d'amour est forcément apprécié par un pénis digne de ce nom. Au cas où vous ne vous en seriez pas aperçu, il s'agit d'un petit animal très différent de votre minou. Pour la plupart des clitoris, la règle est: «Plus c'est doux, meilleur c'est.» Pour la plupart des pénis, la règle est: «Plus c'est ferme, meilleur c'est.» Voilà pourquoi vous devez faire comme si vous maniiez le manche de votre raquette de tennis.

Les parties les plus sensibles de la verge sont le gland et sa base, la face externe, où un filet court tout le long de la hampe. Si vous utilisez subtilement vos doigts à ces endroits précis, vous tiendrez probablement entre vos mains un pénis très, très joyeux.

Il existe quelques excellentes façons de manipuler ce précieux bibelot.

• Maintenez votre index sur le petit filet qui relie le gland et la hampe, et faites courir les autres doigts le long de la face interne, tandis que le pouce reste sur le haut du gland.

• Placez votre pouce à la base de la verge, alors que vos autres doigts s'activent le long de la hampe.

• Partez de la base de la verge avec votre pouce et votre index réunis en anneau.

117. *Le caresser.* Maintenant que vous avez bien en main les points stratégiques, il est temps d'entrer en action. N'oubliez pas que fermeté, moelleux et constance sont les ingrédients indispensables pour une caresse honorable.

Pour l'amener au point culminant, accélérez le mouvement jusqu'à ce qu'il soit proche de l'orgasme ; arrêtez-vous alors, tout en le gardant fermement en main, ou relâchez prise et laissez votre main le bercer doucement.

Variations sur les caresses de base

118. Pétrissez son pénis entre vos mains comme si c'était de la pâte ou comme si vous étiez une boulangère en train de façonner une baguette, un épi, un gros pain.

119. Roulez-le entre vos paumes.

120. Caressez la face externe de la queue pressée contre son ventre.

121. Entourez le milieu de la hampe d'un anneau composé de vos index et de vos pouces réunis. Faites des va-et-vient.

122. Placez vos doigts en anneau (comme en 121) à la base de la verge. Caressez avec le reste de la main à partir du gland. Recommencez à la base tandis que l'anneau exerce une pression. Poursuivez jusqu'à ce que votre chéri demande grâce.

123. Frottez sa queue contre vos fesses, votre visage, vos seins ou vos cuisses.

124. Laissez-le introduire sa verge humide entre vos seins légèrement pressés l'un contre l'autre : cela s'appelle une « cravate de notaire ». Il peut faire une petite pause pour vous téter. Tandis qu'il s'agite entre vos seins, titillez vos mamelons : c'est un spectacle qui le ravira. A la fin de chaque va-et-vient, n'oubliez pas de donner un petit coup de langue sur le bout du gourdin. Il en redemandera.

125. Si votre chéri a un petit faible pour les fesses des dames, il appréciera de s'y lover. Lubrifiez votre raie et placez-vous à genoux en vous calant sur des coussins pour lui faire l'offrande de vos célestes globes.

126. Voici une variante que vous apprécierez encore plus que lui. Allongez-vous sur le dos, surélevez votre bassin au moyen de coussins. Invitez-le entre vos genoux à se frotter contre vos lèvres. Attention ! Pénétration formellement interdite...

127. Allongée sur le dos, glissez à nouveau un coussin sous votre taille et pressez vos cuisses préalablement lubrifiées l'une contre l'autre. Invitez-le à se caresser la queue contre vos cuisses et à remonter jusqu'aux lèvres. Vous pouvez améliorer ce petit jeu en vous mettant sur le côté et en lui faisant face. Ainsi, vous bénéficierez d'une vue imprenable sur le va-et-vient de son pénis et guetterez son apparition à la sortie de votre entrejambe.

128. Traitement spécial : pressez son périnée avec votre doigt tandis que vous caressez sa verge (tout cela en rythme). Cela stimule sa prostate, exactement comme si l'on vous titillait le point G. Si vous êtes bien installée, caressez la base du pénis avec votre main. Ce travail «manuel» procure une forte sensation et augmente l'intensité de l'orgasme.

129. Vous pouvez caresser ses testicules tandis que vous vous occupez de son pénis, en les prenant gentiment dans vos mains, ou bien, pouce et index sur la verge, occupez les autres doigts à caresser le sillon entre les bourses. Disposez vos doigts en anneau à la base du scrotum, et remontez ensuite bien en rythme. Quelle que soit la méthode employée, maintenez la pression, sans appuyer trop fort.

130. Rappelez-vous la délicieuse caresse que vous lui fîtes sur les mamelons (112ᵉ façon). Demandez-lui de vous appliquer le même traitement avec son dard. Cette stimulation risque de vous rendre rapidement fous tous les deux.

131. Surprenez-le en vous occupant de ses attributs alors qu'il lit, bavarde, regarde la télé, téléphone à sa mère, cuisine ou fait la vaisselle à la main parce que la machineà laver est en panne...

132. Quel est l'homme digne de ce nom qui n'a pas rêvé qu'une créature de rêve lui faisait l'amour durant son sommeil ? Attendez que votre gentil nounours dorme profondément, caressez doucement sa queue, roulez-la délicatement entre vos mains en prenant garde de ne pas le réveiller. Lorsqu'il est bien dur, introduisez-le en vous et faites-lui l'amour tout en douceur. Il risque fort de goûter cette tendre ruse !

133. Après une séparation (même si vous vous êtes seulement quittés le matin pour aller travailler), laissez-lui deviner votre plaisir de façon suggestive. Regardez-le dans les yeux en lui murmurant : «Chéri, regarde-moi. » Frottez vous contre lui et laissez vos yeux lui faire comprendre ce que vous avez en tête.

Massez doucement sa queue à travers le pantalon. Ne baissez pas une seconde votre regard de feu. Tout en continuant, sortez l'objet de son écrin ; le contact de votre paume est tout de même plus agréable.

Il sera tout à vous, si vous vous mettez à genoux pour le prendre en bouche, ou si vous glissez l'attribut dans votre fente toute moite. A moins que vous ne lui fassiez savoir avec les yeux que, maintenant, c'est le lit qui vous intéresse. N'oubliez pas d'écrire un mot pour son patron afin de justifier son retard...

134. Voilà un truc particulièrement sympa. Caressez sa queue pour le mettre dans l'ambiance. Puis arrêtez-vous et attachez-le sur le lit. Ne le touchez plus, mais agitez vos seins et votre sexe aussi sensuellement que possible. Laissez-le vous contempler en train de vous tortiller et de gémir, et mimez un orgasme ravageur, alors qu'il gît là, sans défense. Cette vision va le rendre positivement marteau. Détachez-le alors pour une séance sauvage dont les voisins se souviendront..

135. Voici une variation extraite du livre *Comment prolonger l'orgasme pendant des heures.* Après l'avoir attaché, asseyez-vous sur sa poitrine en lui faisant face. Tenez la base de sa verge dans une main et de l'autre caressez rapidement et fermement. Arrêtez-vous le temps d'un battement de cœur. Alternez dix caresses avec pause, et dix très rapides sans pause. Appliquez ce traitement une dizaine de minutes, jusqu'à ce qu'il demande grâce. Soulagez-le avec vos mains, votre bouche ou votre minou. Détachez-le tout de suite après l'orgasme, afin de ne pas l'achever ! Laissez-le se reposer et se réchauffer à votre chaleur brûlante. S'il tombe dans les pommes, appelez le SAMU, mais ne lui jetez pas un seau d'eau !

136. Si vous êtes en train de faire jouir votre chéri avec vos seules mains, rétrogradez en seconde alors qu'il est en route pour le septième ciel. Testez sa réaction. Accélérez de nouveau petit à petit afin qu'il grimpe vers l'orgasme. Concentrez vos efforts sur le scrotum et le périnée. Appuyez doucement sur la hampe (en restant loin du gland) et massez les deux endroits susnommés. Chaque fois qu'il est sur le point d'éjaculer, arrêtez-vous. Insoutenable ! S'il retombe dans les pommes, n'appelez plus le SAMU, ni les « pompiers »... réanimez-le vous-même.

137. Il existe une ribambelle de moyens délicieux pour réveiller la verge de votre homme sans la toucher. Pas besoin d'être illusionniste ! Par exemple, sucez chacun de ses doigts de façon plus que suggestive. Léchez ses mamelons en vous arrêtant pour le regarder. Introduisez votre langue dans son oreille. Dardez-la dans la raie des fesses, léchez le pourtour de l'anus et la région des bourses, tout en utilisant vos doigts pour titiller les autres zones érogènes. Lorsque les bourses sont enfiévrées, il n'y a pas que le CAC 40 qui va s'envoler... Croyez-moi, il existe au moins une autre valeur (sûre) en hausse !

Jeux de bouche

Un homme peut atteindre l'extase lorsqu'une femme lape et suce amoureusement sa queue. C'est pour lui la plus belle preuve d'amour, la caresse la plus intime et la plus gratifiante. Tandis que vous l'avez en bouche, l'homme est en droit d'imaginer que la femme qui lui offre cette sublime gâterie est complètement à sa merci et qu'elle est son esclave sexuelle (quoique l'inverse soit également vrai!). Cela va le faire monter sur les meubles, et il ne manquera pas d'utiliser sa langue pour vous gratifier d'un traitement spécial au cours d'une séance volcanique. Gardez-ça en tête tandis que vous vous activez autour de sa queue.

On dit qu'un certain nombre de femmes ne goûtent pas particulièrement cette «caresse» intime, et que d'autres ne savent pas comment s'y prendre. Mais je peux vous garantir qu'une fois qu'elles ont pratiqué la fellation avec succès, elles ne peuvent plus s'en passer.

Trois choses sont indispensables pour réussir cet examen oral : en avoir vraiment envie, se concentrer, exercer une action continue.

L'envie

Quand les hommes parlent de ce qu'ils ont connu de meilleur en matière de fellation, ils évoquent toujours des femmes qui avaient du cœur à l'ouvrage : « Je peux dire qu'elle aimait vraiment ça. » Ou encore : « Elle me donnait l'impression que mon sexe était la meilleure sucette qu'elle ait jamais dégustée, car elle savourait avec délice à chaque coup de langue. »

Vous devez vous mettre en tête que vous avez très envie de lui faire plaisir de cette façon. Montrez-lui que vous appréciez vraiment de lui offrir cette exceptionnelle caresse, et traitez son sexe comme l'idole sacrée par excellence, source de tous les plaisirs. Si vous vous délectez de sa virilité, n'oubliez pas qu'il se délectera de votre féminité.

La concentration

Concentrez-vous sur ce que vous faites. Ne laissez pas votre attention vagabonder et veillez à maintenir l'excitation au plus haut.

Une action continue

Agissez sans relâcher le mouvement, lentement, doucement et régulièrement. Ne retirez pas votre bouche brutalement et, surtout, maintenez l'action pendant l'éjaculation. Vous ne pourrez pas l'aliéner davantage !

138. La fellation, cela s'apprend. Commencez par prendre le temps d'admirer la magnifique érection dont vous allez vous régaler, la suçant et la léchant tel un esquimau à la fraise.

Prenez doucement sa queue dans vos mains pour qu'il ait le temps d'anticiper le plaisir. Dites-lui que son bel étendard vous excite, et expliquez-lui avec force détails ce que vous vous proposez de lui faire.

Commencez par lui lécher le gland, puis continuez le long de la face externe, sur le filet, avec la pointe de la langue (un des points les plus sensibles). Ne laissez pas vos mains inactives : occupez-vous de son ventre, de ses tétons.

Représentez-vous votre bouche comme un vagin extraordinairement imaginatif et agile. Ouvrez-la, en le protégeant de vos dents avec vos lèvres (pour ne pas lui faire mal), et introduisez la verge doucement. Laissez-la bien reposer sur votre langue. Bougez continuellement la tête de haut en bas, et surtout ne vous arrêtez pas intempestivement sans raison. Les dents toujours couvertes, accélérez le mouvement.

Bougez bien en rythme, vos mains placées à la base de la verge. Votre langue agile explore chaque centimètre de la hampe, du filet, de la calotte. Un délice !

139. Léchez en faisant des mouvements circulaires avec la langue. Pas facile au début, mais on y arrive rapidement. Alternez en suçant comme un bonbon. Caressez tout ce qui est à portée de vos mains : scrotum, intérieur des cuisses, anus, etc.

140. Léchez consciencieusement les bourses l'une après l'autre. Faites-en bien le tour avec la langue. Sensations garanties.

141. Toujours en lui caressant la queue, s'il n'est ni inhibé, ni chatouilleux, vous pouvez l'exciter encore plus en lui lapant la raie des fesses.

142. Le périnée est extrêmement sensible au travail de la langue, à tel point que vous ferez très attention, en maintenant ses cuisses en l'air, d'éviter les soubresauts incontrôlables.

143. Tout en suçant, introduisez délicatement un doigt lubrifié dans son anus et massez en rond.

144. Massez légèrement le périnée en suçant la verge. Mais attention, il pourrait « venir » plus vite que vous ne le souhaitez.

145. Bougez bien la tête en cadence tandis que vous le sucez. Cela le fera mourir de désir. Vous pouvez à l'occasion vous aider du *Boléro* de Ravel ou des tambours du Bronx... Mais si vous ne possédez qu'un électrophone, assurez-vous de l'avoir réglé à la bonne vitesse, sous peine de friser rapidement l'apoplexie !

146. Les hommes adorent l'alternance entre la « bouche du haut » et celle « d'en bas ». Paufinez votre jeu de bouches en l'introduisant en vous pour qu'il sente combien vous mouillez.

147. Bien sûr, vous pensez à protéger son organe délicat, mais vos dents expertes peuvent aussi intervenir agréablement. Tenez sa queue dans votre bouche, comme un épi de maïs (mais n'ajoutez ni beurre, ni sel), et grignotez tout doucement le long de la hampe. Un très, très léger mordillement ne peut pas faire de mal.

148. Mangez une banane, des cerises, une pêche ou un fruit juteux en le dégustant. Arrosez-le de jus et léchez, ou gardez en bouche pour un baiser fruité.

149. Trempez sa verge dans du miel, de la crème, du chocolat, et lapez. C'est Byzance !

150. Brossez-vous les dents avec une pâte sauvagement mentholée juste avant de l'engloutir. Une bouche fraîche sur la peau délicate de la queue : il vous en dira des nouvelles !

151. Surprenez-le encore et toujours. Vous regardez innocemment la télé et vous avez, mine de rien, ôté vos vêtements. Débraguettez alors votre chéri et sucez-le tout votre soûl.

152. Enroulez-vous autour de lui tandis qu'il téléphone à sa femme (!), à son boss ou à son banquier. Échauffez-le avec votre bouche.

153. En pleine nuit, réveillez-le en douceur uniquement avec votre irrésistible langue.

154. Alors que votre homme est debout ou à genoux, sucez-le. Ce sera pour lui un plaisir divin. Cette position mettant en scène une femme en chaleur tétant son organe l'achèvera. En fonction de vos tailles respectives, trouvez la position la plus confortable pour vous : il peut être sur le lit, installé dans un fauteuil ou à genoux sur des coussins, vos jambes enserrant ses genoux, ce qui lui donne une vue très excitante sur votre intimité. Caressez-lui l'intérieur des cuisses, les tétons et les fesses, tout en l'aspirant avec passion. Arrêtez-vous de temps en temps pour lui dire que vous appréciez sa merveilleuse érection, et combien il vous fait mouiller.

155. Fredonnez tandis que vous l'avez en bouche. La vibration lui procurera une sensation exceptionnelle.

156. Le rêve de tout homme est de se faire sucer tandis qu'il est à table. Si l'occasion s'y prête, agissez au restaurant (si les nappes sont suffisamment longues !). Mais cela lui fera également plaisir chez vous, à condition qu'il y ait bien un aspect « fruit défendu ».

157. Le fameux *Kama Sutra* donne des indications très précises sur l'art du sexe oral. Qu'y lit-on ? « Prenez son sexe de côté et bougez-le délicatement entre vos lèvres. Embrassez-le et agacez-le avec vos dents tout en le couvrant d'arabesques dessinées avec vos lèvres. Faites-le entrer et sortir de votre bouche tout doucement en maintenant la pression de vos lèvres. Sucez, léchez partout avec une attention toute spéciale pour le gland. Puis introduisez la verge, appuyez le gland contre votre palais comme si vous vouliez l'aspirer. » Croyez-moi, c'est par l'extase qu'il sera aspiré...

158. *Le célèbre et fabuleux 69.* Sucer sa pandeloque tandis qu'il lèche votre fente exquise est la quintessence du plaisir amoureux. La plupart des hommes sont fous de cette délicieuse gâterie. Il y a autant de variations du 69 que de positions amoureuses ou de baisers. Essayez-les toutes et il ne vous lâchera plus.

Occupez-vous de sa verge comme vous aimeriez qu'il s'occupe de votre sexe. Invitez-le à y introduire sa langue et contractez vos muscles vaginaux en même temps que vous sucez son pénis. Contractez et relaxez par vagues, bouche du haut et bouche du bas simultanément. Tenez le rythme jusqu'à ce qu'il implore votre clémence.

159. *Gorge profonde.* Dans le film du même nom, l'actrice Linda Lovelace engloutissait une queue jusqu'au fond de la gorge sans avoir l'air incommodée. Le truc pour que votre bouche et votre gorge soient dans la bonne position : vous placer tout en longueur, allongée de côté, la tête pendant au bord du lit. Prenez une longue inspiration, car votre souffle risque d'être coupé par la queue de votre homme. Pas d'inquiétude à avoir cependant : vous prendrez une inspiration à chaque fois que vous la sortirez de votre bouche. Si vous sentez comme une nausée, avalez votre salive. Avec un peu de pra-

tique, ce haut-le-corps disparaîtra très vite, et votre chéri en redemandera.

160. *Avaler.* C'est certainement l'une des émotions les plus gratifiantes que vous puissiez lui offrir. Un homme éprouve une intense satisfaction lorsqu'une femme avale son sperme, à condition qu'elle le fasse avec une félicité non simulée. Pensez au plaisir que cela vous procure lorsqu'il vous lape avec gourmandise !

Composé essentiellement de protéines et de sucre, le sperme est une sécrétion naturelle absolument inoffensive. Une amoureuse digne de ce nom se doit d'apprendre à l'avaler. Il lui suffit de penser qu'il s'agit d'une liqueur, d'un élixir, un cadeau intime et savoureux. Avalez d'un seul coup, cela passera au-dessus de vos papilles. Le plus important, c'est de le convaincre que vous aimez cette pratique et d'agir en conséquence, sinon il s'en apercevra et se sentira mal à l'aise.

Si vous ne pouvez vous faire à l'idée d'avaler, vous pouvez vous en dispenser, tout en le laissant éjaculer dans votre bouche. Rendez-vous alors le plus élégamment possible dans la salle de bains pour recracher le chargement sans faire de bruit, ou encore ayez à portée de main une serviette ou un mouchoir pour vous débarrasser discrètement de l'objet du délit. Toutefois, beaucoup d'hommes accordent la plus grande importance au fait que leur partenaire aime déglutir leur semence.

161. Lécher son sperme sur son sexe après l'orgasme est la gâterie la plus érotique dont vous puissiez l'honorer. Un délicieux contraste après une séance de sexe particulièrement sauvage. Pour ainsi dire, « la cerise sur le gâteau »...

Le plat de résistance

L'acte de l'intromission proprement dite est tellement mal perçu et galvaudé qu'il peut en devenir ennuyeux, voire douloureux. En effet, trop d'hommes pilonnent sans tendresse en attendant l'orgasme, pour se mettre aussitôt à ronfler. Et trop de femmes attendent alors que cela se passe en se demandant ce qu'elles font là.

La « grande baise » est un art difficile qui nécessite entraînement, imagination, passion et concentration. C'est aussi un jeu qui se pratique à deux. Surtout, ne commettez pas l'erreur d'attendre que votre homme se charge de tout. Il n'est pas là pour effectuer un show.

De votre côté, entreprenez toujours quelque chose d'inattendu. Et s'il n'est pas surpris, innovez sans cesse !

Le missionnaire

En dépit de son appellation pour le moins austère, cette position s'avère la plus confortable et permet de jouer la longueur. Vous pouvez à la fois contrôler la situation, embrasser votre bien-aimé, le regarder et le laisser contempler l'incendie qu'il a allumé en vous. Mais cette position n'a pas que des avantages. Elle restreint quelque peu votre liberté de mouvement, et la pénétration est moins profonde que dans d'autres positions. En outre, elle peut éventuellement fatiguer les bras du dit missionnaire (vérifiez bien qu'il a enlevé sa soutane...).

162. Invitez-le à vous pénétrer en le guidant gentiment vers votre piège d'amour. S'il n'est

pas circoncis, vous en profiterez pour le déca-
lotter afin que son gland en profite au maximum.

163. Ne restez pas allongée passivement :
agissez ! Ondulez des hanches. Imaginez votre
vagin aspirant cette magnifique proéminence.
Changez d'angle, cela facilite la pénétration.
Bougez bien votre bassin, c'est absolument
essentiel. La position du missionnaire est souvent considérée à tort comme la caricature de
« l'amour à la papa ». Mais je peux vous dire que
si vous savez vous mouvoir en rythme, c'est une
position qui peut devenir sublissime.

164. Pour une pénétration profonde,
ouvrez bien vos jambes et soulevez-les. Plus elles
seront hautes, plus vous lui permettrez d'entrer
profondément. Entourez sa taille et pressez-le
bien entre vos jambes. Si vous êtes souple,
posez vos pieds sur ses fesses, afin d'élargir
encore l'angle de pénétration. Dans cette position, vous devriez sentir sa queue sur votre
point G, ou sur votre coccyx !

165. C'est le moment d'utiliser vos muscles vaginaux. Barattez-le, serrez, poussez-le dehors en phase avec ses coups de boutoir. Voilà en outre un exercice de culture physique exceptionnel.

166. Pour faire baisser légèrement la pression (vous aimeriez que cette exquise agonie dure au moins quelques heures encore, n'est-ce pas ?), relaxez votre vagin, allongez vos jambes contre les siennes, ou enroulez-les autour de lui. N'oubliez pas de continuer à remuer des hanches, sinon il pourrait croire que vous vous désintéressez de la situation.

167. Pour lui laisser un peu de répit tout en le gardant bien au chaud, dites-lui que vous allez faire tout le travail. En gardant la position, posez vos pieds à plat et, jambes tendues, pivotez de droite et de gauche autour de son pieu. Il pourra se concentrer sur cette délicieuse sensation et en profiter pour vous admirer en pleine action.

168. Variante du paragraphe précédent. Quand il bouge, toujours bien calée sur vos pieds, abaissez vos hanches sur le matelas. Prenez appui sur elles pour faire des rotations et alternez avec des pauses.

169. Genoux contre la poitrine, posez vos jambes sur ses épaules. Le nec plus ultra du missionnaire pour vous deux. Cela allonge votre vagin qu'il pénètre encore plus profondément, tout en faisant pression sur votre clitoris et les lèvres de votre sexe. A mourir de plaisir !

170. Vous pouvez aussi allonger une jambe contre lui et garder l'autre sur son épaule. Ainsi vous vous exposez entièrement tout en ayant l'air réservée. Cette espèce de vulnérabilité va lui donner l'impression d'être un conquérant superbe et généreux, et vous n'en apprécierez que mieux d'être prise par lui.

171. Le yoga tantrique (ou yoga d'amour) enseigne une technique du baiser qui consiste, durant l'acte, à produire une salive particulièrement douce. Durant les préliminaires ou au début de l'acte, prévenez votre partenaire que votre bouche va sécréter pour lui une liqueur spéciale qui lui est tout particulièrement destinée. Dites-lui qu'elle va se répandre au moment de l'orgasme, et que vous allez la lui faire boire. Il aspirera ainsi la douceur du plaisir qu'il est en train de vous donner... Mettez un peu de ce doux nectar sur votre langue et sur votre palais, derrière vos dents, au moment où vous sentez monter le plaisir. Mettez votre langue dans sa bouche pour lui faire goûter. Un cadeau érotique qu'on aimerait recevoir plus souvent.

A cheval

Il peut être très excitant de bien savoir chevaucher un homme. Voilà d'ailleurs une façon de contrôler la situation tout en étant profondément pénétrée. Quant à votre partenaire, il peut s'apercevoir à quel point il vous rend folle de désir en vous faisant perdre toute inhibition. Il va voir votre corps onduler, votre fente aspirer son chibre, vos tétons en érection qu'il pourra manipuler à son aise tout en caressant votre clitoris. Il peut aussi se reposer pendant que vous vous activez sur lui. C'est la meilleure position pour ressentir intensément les contractions de votre vagin quand vous atteignez l'orgasme.

Allez, n'hésitez plus à lui prescrire ce traitement de faveur !

172. Ne vous précipitez pas pour engloutir sa verge. Prenez le temps de bien l'échauffer avec votre corps. Alors qu'il est bien installé sur le dos, positionnez-vous sur lui, en appui sur les genoux et les pieds. Gardez les fesses hautes, laissez-le pétrir vos seins. Parcourez votre fente humide de son gland que vous pouvez aussi faire entrer et sortir. Dans cette position, vous pouvez lui faire un tas de trucs incroyables.

173. Toujours en appui, vos mains sur sa poitrine ou sur ses épaules vous permettent de le titiller avec vos tétons, de le caresser avec votre poitrine ou votre pubis, en étant très réceptive à ses réactions. Ralentissez dès que vous le sentez trop excité. Léchez-lui le cou, les oreilles, et sucez ses mamelons.

174. Assise comme vous l'êtes, vous offrez un meilleur angle de pénétration. Activez votre bassin sur son ventre, de bas en haut, en rond. Une fois encore, faites travailler vos muscles vaginaux, serrez, aspirez, poussez et tournez.

175. Quand vous vous sentez d'humeur particulièrement sensuelle, caressez-vous les seins, le clitoris, et masturbez-vous : c'est un spectacle particulièrement excitant pour lui. Vous pouvez bien sûr l'inviter à poser ses mains sur vous (en tout bien tout honneur !).

176. Chevauchez-le comme si vous étiez une amazone. Réglez progressivement votre vitesse : au pas, au trot assis, au trot enlevé, au galop... N'oubliez pas la cravache !

177. Retournez-vous et allongez-vous entre ses jambes tout en le caressant. C'est encore meilleur si vous parvenez à mettre une de vos jambes à l'extérieur des siennes. L'angle de pénétration sera maximal, et il aura une vue palpitante sur vos fesses. Il lui sera alors sans doute bien difficile de ne pas s'en occuper...

178. Vous êtes maintenant bien placée pour lui caresser les testicules avec vos mains ou votre clitoris. Bien sûr, vous pouvez vous caresser vous-même. En vous frottant contre lui, votre sexe sera excité de partout. Cela peut paraître un peu compliqué, mais quand vous aurez essayé, vous connaîtrez tous les deux les délices de la chevauchée fantastique...

179. Une variante qui demande un peu de pratique, mais dont vous serez vite récompensée : accroupie sur lui, les pieds sur son bassin, introduisez son sexe en vous, et refermez vos jambes. Puis bougez en cercle autour de lui, bougez, et bougez encore jusqu'à ce que vous soyez tous les deux complètement rassasiés.

Arrière toutes !

Dans cette position, il n'est pas facile de voir le visage de l'autre et encore moins de s'embrasser. Mais il existe d'autres avantages dont on aurait bien tort de se priver. Vos seins pendent et dodelinent, ce qui les rend encore plus sensibles à ses caresses. Vous pouvez aussi lui demander de stimuler votre clitoris, votre vulve, votre périnée ou vos fesses. Vous allez surtout profiter de l'angle et de la profondeur idéale de la pénétration. S'il est amateur de belles fesses et si les vôtres méritent ce qualificatif, vous deviendrez vite des adeptes de cette position.

180. Vous avez déjà vu des chiens copuler : vous savez donc comment vous devez vous

placer. Cela vous permettra un plus grand contact avec l'ensemble de ses parties intimes à chaque intromission. Vous pourrez ainsi caresser ses testicules que vous sentez s'agiter derrière vous.

Il ne pourra s'empêcher de flatter votre croupe, et même de vous infliger une tendre fessée, mais invitez-le aussi à s'occuper du reste. Les seins qui pendent, ont, vous le savez, le bout particulièrement sensible. Les titiller l'excitera encore plus.

181. Vous pouvez aussi pratiquer cette position allongés sur le côté. Pour faciliter la pénétration, placez un ou deux coussins sous vos hanches. Plus elles seront surélevées, meilleur sera le contact avec ses parties génitales. Attention tout de même à garder votre tête loin du mur ou du rebord du lit.

182. Il existe une variante intéressante. Demandez à votre chéri de s'asseoir confortablement sur le rebord du lit, ou dans un fauteuil. Empalez-vous sur son dard, en lui tournant le dos. Il pourra poser ses mains partout sur votre corps tandis que vous irez et viendrez lentement sur sa verge. Vous pouvez garder vos jambes à l'intérieur des siennes ou enserrer ses cuisses. Il ne pourra pas bouger beaucoup, c'est donc à vous de diriger l'action. Vous pouvez vous appuyer sur le lit (ou les bras du fauteuil). Là encore, il lui sera loisible de caresser votre clitoris, votre vulve, etc. Jamais un roi installé sur son trône n'aura joui d'autant de pouvoir !

183. Vous êtes allongée sur le dos, jambes pendantes. Il vous pénètre et replie vos cuisses, ou les met sur ses épaules. Cela peut se faire au sol. Il tient alors vos jambes dans ses mains (c'est la « brouette ») et vous pouvez même marcher sur les vôtres. En dépit de son aspect acrobatique, cette excellente position permet une profonde pénétration (certains disent la plus profonde) et une excitation maximum. Alors, qu'attendez-vous ?

Côte à côte

184. *La cuiller.* Allongez-vous tous les deux côte à côte dans la position du fœtus, imbriqués comme des cuillers. Cette position ne permet pas une très grande pénétration, mais votre homme peut aisément caresser votre clitoris et vos tétons. Idéal pour le petit coup ensommeillé du matin.

Vous pouvez l'exciter en frottant votre sexe sur sa verge et son bas-ventre, en passant votre jambe sur la sienne et en vous penchant vers l'avant pour qu'il vous pénètre mieux. Flattez ses fesses de vos mains libres, et la partie de sa queue qui n'est pas en vous. N'oubliez surtout pas de faire travailler vos muscles vaginaux : ça les rend fous (pas les muscles... les hommes !).

185. *Les ciseaux.* Allongés sur le côté, face à face, vos jambes l'entourent. Chacun manœuvre ses jambes autour de l'autre dans la position qui lui procure le plus de plaisir. Vous pouvez placer vos jambes sur ses épaules, ce qui ouvre bien la fente et offre un maximum de contacts agréables pour les deux partenaires. Cette position stimule tout particulièrement le scrotum et la verge : appliquez-lui donc de temps en temps ce traitement. Vos mains sont libres pour le papouiller, le caresser, gratouiller partout où bon vous semble. Il sera dans un tel état qu'il en oubliera qu'il ne vous pénètre peut-être pas aussi profondément qu'il le souhaiterait.

186. Des ciseaux un peu différents : allongez-vous, jambes repliées, et invitez-le à placer les siennes en conséquence. Abaissez vos jambes lors de la pénétration, afin qu'il puisse mettre une des siennes entre les vôtres. C'est très agréable, vous verrez.

Face à face

187. Voici une position pratique pour la baignoire, la cuisine et autres endroits exigus. Elle permet de se voir, de se caresser et de s'embrasser comme des fous. Asseyez-vous simplement face à face et enroulez vos jambes autour de sa taille. Il peut s'appuyer sur les mains. Tout en le regardant dans les yeux, vous pouvez onduler et pratiquer la danse du ventre !

188. Dans une célèbre scène du *Dernier tango à Paris*, Marlon Brando et Maria Schneider faisaient preuve d'un appétit hors du commun (avec une nette préférence pour la cuisine au beurre...). Vous pouvez faire de même, surtout si votre appartement est vide, comme dans le film. Accroupissez-vous, les pieds à plat, en vous appuyant sur les avant-bras. Dès qu'il est au chaud dans votre chatte mouillée, balancez-vous d'avant en arrière, en avançant et reculant. Les mouvements ne sont pas faciles, mais vous jouissez d'une vue imprenable sur vos sexes respectifs. Le spectacle de sa verge rouge et raide, allant et venant, est très excitant pour tous les deux.

189.

Asseyez-vous sur une table, de façon à ce qu'il puisse placer sa queue juste à la hauteur de votre fente. Une position très avantageuse pour l'homme, qui n'a pas à supporter son poids ni le vôtre ; ses mains libres peuvent s'activer sauvagement et les vôtres tout autant. Il peut se régaler de la vision de vos tétons en érection, de votre caverne mouillée, et vous apprécierez particulièrement son bas-ventre heurtant le vôtre et ses mains baladeuses... Il vous est possible de trouver d'autres endroits propices, et pourquoi pas en dehors de chez vous (bureau, confessionnal, etc.). Voilà qui corsera encore plus la chose.

190. *Le moulin à vent.* Il ne s'agit pas d'une position vraiment assise, mais elle doit commencer ainsi. Vous êtes face à face, vos jambes sur ses épaules, le pénis bien au chaud. Vous pouvez jouer de vos mains, les utiliser pour caresser les parties génitales et les pieds. Sans vous déconnecter, ondulez du bassin en variant rythmes et pressions. Dans cette position, votre chéri peut avoir une longue érection et vous faire atteindre l'orgasme sans jamais avoir à interrompre le mouvement.

Variations sur le thème de base

191. *Le pied fétiche.* En pleine action, essayez de prendre son pied (mais si, mais si !). Je m'explique : lorsqu'il est sur le point de jouir, attrapez ses orteils et tirez-les en douceur. Comme il existe une connexion directe entre les orteils et les organes génitaux de l'homme, le plaisir s'en trouvera décuplé et son éjaculation épaissie.

192. *Le tigre tendu.* Tendez la peau du pénis de votre homme pendant l'acte sexuel, en tirant vers le bas avec vos doigts. Imaginez ce que vous ressentiriez s'il faisait de même avec la peau qui entoure votre clitoris tandis qu'il vous frotte de son pubis, et vous comprendrez pourquoi cette manipulation un peu originale est capable à elle seule de l'expédier au septième ciel.

193. *Bondage (lui).* Vous ne pouvez pratiquer cette discipline qu'avec quelqu'un que vous connaissez bien et avec qui vous vous sentez très à l'aise.

Attachez-le doucement mais fermement au pied du lit avec une cravate en soie, une corde pas trop rêche ou vos bas, bref, avec un lien relativement solide. A moins que vous ne préféziez rassembler ses mains derrière la tête ou dans le dos, et lui attacher les pieds. Asticotez-le, faites-lui respirer votre féminité, caressez-le partout, sauf sur les parties. Promenez vos seins, votre touffe sur son corps, mais faites-le attendre avant de le lécher. Prenez avantage de sa position d'infériorité pour lécher le dessous de ses bras, particulièrement sensible. Caressez-le, sucez-le, servez-vous de lui comme d'un jouet. Sans prévenir, enfournez sa queue dans votre fente puis détachez-le, sinon, après l'orgasme, ses muscles risquent de s'engourdir. Pour fignoler, vous pouvez masser ses muscles afin qu'il se sente parfaitement relaxé.

194. *Bondage (vous).* Laissez-le vous attacher, ce qui lui procurera une grande sensation de pouvoir. L'idée qu'il vous a totalement à sa merci ne peut que l'exciter. Encore une fois, cela n'est possible que dans une relation d'absolue confiance. Tandis qu'il vous agace, gémissez de plaisir pour le convaincre que vous aimez ça. Ondulez des hanches de façon provocante (c'est d'ailleurs tout ce que vous pouvez bouger) et dites-lui que vous n'en pouvez plus d'attendre, que vous désirez au plus vite sa superbe queue en érection. Je vous laisse imaginer la suite...

195. *Bondage (variation).* Laissez-vous attacher pieds et mains. Mettez-vous à quatre pattes et laissez-le vous prendre comme une bête. Vous n'êtes pas obligée d'aboyer !

196. *Perles orientales.* Un truc très connu des femmes asiatiques. Durant l'acte, insérez une rangée de perles dans son anus, préalablement lubrifié. Au plus fort de l'action, ôtez les perles une à une, et observez son excitation monter.

Au moment de l'orgasme, enlevez toutes les perles d'un seul coup : raz-de-marée garanti !

197. *Huile.* Enduisez-vous l'un et l'autre d'huile d'amande douce et savourez la douce friction de vos peaux l'une contre l'autre. Protégez les draps avec des serviettes, ou faites ça debout.

198. *Vibromasseur.* Ne le considérez pas comme un jouet. Procurez-lui un orgasme hors du commun en introduisant l'engin dans son anus tandis que vous êtes en route pour le septième ciel.

199. *Berceuse.* Installez-vous dans un rocking-chair, sans accoudoir si possible, sinon installez-vous au mieux. Il s'assied, et vous grimpez sur lui en gardant les pieds sur le sol. Attention, n'allez pas basculer dans le feu de l'action !

200. *Humidité.* Moiteur et sexe font bon ménage. Entraînez-le dans la baignoire ou sous la douche. Enduisez-vous de mousse, massez sa queue, frottez-la contre vos hanches savonneuses, contre votre fente ; faites-le entrer et sortir. Ne vous en faites pas pour votre mise en plis, vos cheveux détrempés vont l'exciter.

201. *Gémissements.* Rien ne satisfait plus un homme que d'observer le désir fou qu'il peut éveiller en vous. Ne le privez pas de vos gémissements, de vos miaulements, de vos contorsions. Vous êtes tellement folle de désir que vous ne pouvez vous contenir. Enveloppez-le de vos jambes, agrippez-vous à ses fesses, plaquez-le contre vous, comme si vous en vouliez toujours plus. Mordez, griffez, il sera fou de l'effet qu'il vous fait. Vibrez, criez, retournez-vous, léchez-le, sucez-le comme si vous vouliez l'avaler en entier. Sans commentaires !

202. *Mots.* Dites-lui combien vous êtes excitée. Les mots constituent un aphrodisiaque puissant. Dites-lui des cochonneries. Ne lésinez pas : « baiser, chatte, queue, pine... » sont des vocables merveilleux dont il ne faut pas avoir honte. Au plus fort de l'action, ils restent les mots les mieux appropriés pour exprimer l'amour et le désir.

Oh, c'est bon !
Comme tu es dur !
Tu as une belle queue !
J'aime te sentir dans ma chatte !
Tu me rends folle !
Baise-moi !
Enfonce encore plus !
Suce mes seins !
Tu me fais jouir !
Je dégouline !
Encore, plus loin, plus fort !
Remplis-moi !
Vas-y, jouis !
Ne t'arrête pas !
J'aime comme tu me baises !
Ta grosse queue me fait mouiller !
Mets ta grosse pine dans ma fente !
Laisse-moi te baiser !
C'est trop bon !
J'aime sentir ta grosse (belle, longue, trapue, douce...) queue aller et venir dans ma chatte !

Pas de faux compliments. Ne parlez que de ce qui vous plaît particulièrement chez votre homme. Construisez-lui un bel ego sexuel, cela vous excitera encore plus. Quelquefois, un seul mot peut suffire à le faire bander. Lui susurrer des compliments polissons vous mettra tous les deux en excellente condition.

203. *Orgasme intense.* Vous pouvez faire jouir votre homme de façon à ce que son corps, tout comme le vôtre, soit agité de spasmes. Cela réclame patience et pratique. Tout comme vous, plus il est stimulé, plus l'orgasme est intense. Le secret de cet orgasme exceptionnel consiste à faire durer l'acte sexuel le plus long-temps possible. Vous aurez beau lui dire : « Dou-cement, chéri, je voudrais te faire l'amour très longtemps », quand sa queue gonflée est en vous, il sera difficile d'évaluer le point de non-retour. Mais, lorsque vous le connaîtrez bien, vous pourrez le sentir grossir en vous, sentir ses veines battre et sentir le plaisir approcher le paroxysme. A ce point critique, vous pourrez lui demander d'arrêter et de se reposer quel-ques secondes. Vous pouvez même le laisser se retirer. Le retour n'en sera que plus excitant.

Lorsqu'il est calmé, reprenez les choses où elles en étaient, ou essayez autre chose, jusqu'à ce qu'il atteigne à nouveau le point culminant. Arrêtez-vous de nouveau. Vous pouvez bavarder un peu, boire quelque chose avant de recommencer. Ne freinez pas ses ardeurs plus de trois ou quatre fois, sinon il aurait des problèmes pour jouir. Quand vous le sentez prêt pour un orgasme historique, contractez vos muscles vaginaux et embrassez-le avidement dans les oreilles, sur le cou, les aisselles, les tétons. A mourir de plaisir...

Le sexe sans danger

Il est hélas passé le temps où l'on pouvait vivre une liberté sexuelle totale et sans danger : on ne connaît pas de remède à l'herpès génital, et le sida reste une maladie incurable. Il faut donc impérativement se protéger, et protéger l'autre.

L'abstinence est la seule méthode de prévention totalement efficace.

Si vous et votre partenaire n'avez connu personne d'autre depuis dix ans, que vous n'avez pas utilisé de seringues usagées (si vous êtes toxicomane) et que vous n'avez pas subi de transfusions, vous pouvez expérimenter ces 203 trucs sur votre chéri en toute quiétude.

Si vous venez de le rencontrer, et qu'il vous plaît, vous pouvez jouer à un grand nombre de jeux érotiques pour vous donner du plaisir : il n'y a pas que la pénétration dans la vie. Mais pénétration et fellation dite « avaleuse » se feront avec un préservatif, car il n'existe aucun autre moyen sûr d'éviter la contamination.

Lorsque l'herpès est actif, il se remarque tout de suite (méfiez-vous des bobos, plaies, pustules situés dans cette partie du corps).

Votre partenaire, ou vous-même, pouvez être séropositifs sans le savoir. Le test de dépistage n'est valable que s'il est fait trois mois après un rapport à risque. Le virus se transmet par le sang, le sperme et les sécrétions vaginales.

Si vous êtes d'humeur vagabonde, ayez toujours dans votre petite trousse de survie des préservatifs en latex, ce sont les plus sûrs. Vous pouvez les lubrifier avec de la gelée spermicide. Il existe des préservatifs prélubrifiés, mais pas pour la fellation gourmande. Intégrez l'habillage de la verge de votre partenaire au rituel amoureux, même si cela ne semble pas vraiment érotique au départ. Pour ceux qui l'ignoreraient, le préservatif se place sur la verge en érection, en laissant un peu d'air au bout. Le lubrifiant facilite la pénétration.

Le préservatif s'enlève de la verge encore raide, juste après l'éjaculation, et ne sert qu'une fois.

Les préservatifs se gardent dans leur emballage, à l'abri de la chaleur, de la lumière fluorescente et de l'humidité

Faire l'amour dans des conditions de sécurité et de confort idéales est le plus puissant de tous les aphrodisiaques.

Conclusion

Je suis sûre, maintenant, que vous avez compris qu'il existe bien plus de 203 façons de rendre un homme fou au lit. Je sais que vous allez découvrir des variations sans fin sur les thèmes que je vous ai présentés, surtout lorsque vous allez vous mettre à improviser avec votre partenaire. C'est en fait maintenant, dans votre propre imagination, que vous allez puiser les meilleures idées pour avoir une vie sexuelle totalement épanouie. Par conséquent, il n'y a pas que les muscles directement liés au sexe que vous devez entretenir par l'exercice, mais aussi ceux du cerveau.

N'hésitez pas à lire des livres érotiques. Imaginez-vous toujours en train de mettre en pratique

toutes les choses coquines qui y sont suggé-
rées. Décidez que vous êtes Sharon Stone ou
toute autre grande prêtresse de l'amour, et pensez à ce que vous feriez pour exciter un homme.

Au lieu de marcher dans la rue, préoccupée
par vos achats pour le dîner du soir, observez
plutôt les hommes intéressants que vous croi-
sez. Louchez sur leur pantalon et imaginez-les
nus... Devinez-les sur vous en train de vous
embrasser ou de vous pénétrer. Si vous n'avez
pas suffisamment d'imagination, offrez-vous des
magazines dans lesquels vous découvrirez de
beaux mâles nus; cela vous mettra en condition, si nécessaire, pour penser au traitement
que vous réserverez à votre partenaire le soir
même.

Voilà, vous voici prête désormais pour accep-
ter ce que tout être humain a le devoir d'exiger
sur cette terre : le simple droit au plaisir et au
bonheur. Et retenez bien cette belle phrase
d'Alexandre Lowen : « La sexualité n'est pas un
loisir ou une activité à temps partiel, c'est un
état d'esprit. »

Au catalogue
Marabout

Vie Quotidienne

ABC de l'automobile (L')
C. Pessey.................................1547 34 FF
ABC du savoir-vivre (L')
F. Le Bras..............................1544 34 FF
Art de vivre au fil des jours (L')
V. de Montesquiou.....................1554 46 FF
**Comment dresser son arbre
généalogique**
M. Gasse................................1538 39 FF
Comment se faire épouser ?
A. Girod de l'Ain.....................1550 39 FF
Correspondance (La)
G. d'Assailly..........................1501 32 FF
Courrier facile (Le)
C. Ovtcharenko........................1505 50 FF
200 modèles de lettres
P. Maury...............................1510 39 FF
Dictionnaire Marabout des «trucs»
L. Fronty..............................1503 39 FF
Disparus ? Comment les retrouver
P. Fagué...............................1555 37 FF
Femme un jour, femme toujours
N. de Rothschild......................1553 43 FF
Généalogie facile (La)
J.-L. Beaucarnot......................1512 39 FF
Guide de l'organisation du mariage
N. Terrail..............................1513 39 FF
Guide du bénévolat et du volontariat
G. Garibal.............................1556 43 FF
Guide pratique du crédit
S. Gaigniot - B. Leprat...............1557 34 FF
Livre de bord de votre courrier (Le)
C. Pinson..............................HC 125FF

Livre de bord du savoir-vivre (Le)
F. Le Bras . . . . HC   125 FF
**Meilleurs jobs pour se faire de
l'argent de poche (Les)**
S. Gerin 1558   37 FF
Officiel des prénoms d'Europe (L')
C. et P. Raguin 1502   46 FF
Organiser et réussir un mariage
C. Pinson 1542   34 FF
Photo numérique, c'est facile (La)
J. Hémon - B. Delaveau 1559   34 FF
Politesse oblige
H. de Clermont-Tonnerre 1549   43 FF
Premiers pas en généalogie
J.- L. Beaucarnot 1546   34 FF
Savoir-vivre (Le)
G. d'Assailly - J. Baudry 1500   37 FF
Vraie vie des prénoms (La)
P. Corinte 1515   46 FF

IMPRIMÉ EN FRANCE PAR BRODARD ET TAUPIN
954 - La Flèche (Sarthe), le 03-03-2000.

pour le compte des
Nouvelles Éditions Marabout
D.L. février 2000/0099/058
ISBN : 2-501-02468-0